普华文化
PUHUA BOOKS

我们一起解决问题

MYTHOS
MOTIVATION
WEGE AUS DER SACKGASSE

动机与激励

如何走出
无效激励的死胡同

[德] 莱恩哈德·K.斯普伦格 著
(Reinhard K. Sprenger)
颜鹏飞 译

人民邮电出版社
北 京

图书在版编目（CIP）数据

动机与激励 ：如何走出无效激励的死胡同 / (德)莱恩哈德·K.斯普伦格 (Reinhard K. Sprenger) 著 ；颜鹏飞译. -- 北京 ：人民邮电出版社, 2023.6
ISBN 978-7-115-61253-3

Ⅰ. ①动… Ⅱ. ①莱… ②颜… Ⅲ. ①企业管理－人事管理－激励－研究 Ⅳ. ①F272.92

中国国家版本馆CIP数据核字(2023)第035198号

内 容 提 要

如何激励员工，一直是困扰很多企业家和管理者的现实问题。然而，激励的本质是什么？激励有哪些副作用？我们是否走进了激励的死胡同？关于这些问题，很少有管理者进行深入的思考。

本书是一部探讨激励制度和领导力的优秀图书。在书中，管理学家莱恩哈德·K.斯普伦格结合自己的亲身经历和多年的实践经验颠覆性地提出，我们熟悉的员工激励之路其实是一条死胡同，所有脱离动机的激励都是无效的。作者分别从视角、揭秘、领导力三个方面，详细地说明了激励机制的副作用和长期影响，指出管理者应该从员工的内在动机入手，赋予管理工具真正的意义。作者在书中介绍了共识管理、对话式领导、避免消极、重塑关系网、给予信任、发展人才、找到工作的意义、保护自由空间、维护自尊等管理工具，同时提供了一个简单而有效的薪酬管理体系，将动机神话映射到现实，旨在帮助企业和管理者提升企业的绩效。

本书适合企业管理者、创业者、人力资源管理者、人力资源从业者、企业管理顾问及对人力资源话题感兴趣的读者阅读和使用。

◆ 著 ［德］莱恩哈德·K.斯普伦格（Reinhard K.Sprenger）
译 颜鹏飞
责任编辑 贾淑艳
责任印制 彭志环
◆人民邮电出版社出版发行 北京市丰台区成寿寺路 11 号
邮编 100164 电子邮件 315@ptpress.com.cn
网址 https://www.ptpress.com.cn
北京联兴盛业印刷股份有限公司印刷
◆开本：880×1230 1/32
印张：10 2023 年 6 月第 1 版
字数：250 千字 2023 年 6 月北京第 1 次印刷
著作权合同登记号 图字：01-2022-3685 号

定 价：79.80 元
读者服务热线：（010）81055656 印装质量热线：（010）81055316
反盗版热线：（010）81055315
广告经营许可证：京东市监广登字20170147号

MYTHOS MOTIVATION
WEGE AUS DER
SACKGASSE

前言

参照牛津大学和剑桥大学著名的赛艇对抗赛，英国的两家矿物油公司Super和Hyper每年也会定期组织八人赛艇比赛。最近几年，Super公司的赛艇队总是输掉比赛，管理层决定找出原因。通过对最后一场比赛录像进行分析，管理层惊讶地发现Hyper公司的赛艇队有八名单桨划手和一名舵手，而Super公司的赛艇队却有八名舵手和一名单桨划手。董事长问人力资源总监："我们能做些什么呢？"人力资源总监说："激励！我们必须更好地激励他们！"

这个故事广为流传，并有多个版本。"激励划手"就像聚焦热点一样，困扰着许多企业和员工，而这正是本书想要探讨的主要内容。

我想表明，我们熟悉的员工激励之路其实是一条死胡同，被我们称为"激励"的训练，无论多么高明或隐蔽，都很难获得成功。这是因为它们会带来许多适得其反的副作用和后期影响，抵消了预期的提升效果。

本书的一个论点就是，激励者就像痴迷于上升的销售曲线却不关注成本增长的企业家一样。在研究过程中，我观察了这种表面的“成功激励”的后续结果：“激励爱好者”对那些社会心理层面的副作用视而不见。本书将证明激励行为忽略了行为生态学的背景，持续地破坏了个人的内在动机，对执行意愿不足或强烈的预判会产生深远的影响。简言之，我认为所有的激励都没有效果。

总体而言，很多企业在管理和激励体系上投入过多的资源是弊大于利的。除此之外，激励行为往往会导致企业出现某些并不需要的行为模式，激励过程使所有的管理方法都变成了诱导，甚至会破坏整个组织文化。

研究人类动机及其如何影响业绩的心理学家、教育家、行为学家和组织学家为数众多，不可否认的是，员工可以通过激励体系“转变”成企业期望的样子，短期激励体系正在蓬勃发展，体现绩效激励目的的可变薪酬也早已在很多企业的管理层流行。

如果想开辟新天地，我们必须在精神上突破熟悉的环境即“充满激励的镜子柜”。因为我们既有的认知体系会时刻阻挡我们开辟新天地的脚步，管理层想方设法地激励我们工作的积极性，而我们只能被迫适应。要想深入探索激励的深层逻辑，我们就必须在没有安全线的情况下进行思考。在此，我想邀请您一起踏上探索之旅！

我不会用很多趣事（一如我的许多美国同事所喜欢的那样）来证明自己推理的有效性，这样的方法只能让我们“有限地”接近问题。这本书不会讲解“正确”激励员工的技巧，也不会回答“如何让员工做一些他们不想做的事情”这个问题。因为所有关于管理的技巧都停留在工具层面，很快就会被员工当作“技术”看穿并失去作用。

相反，本书要探索的是动机，也就是我们的内在态度。本书将激励视为外在的行为模式，同时赋予管理方法真正的意义。

本书不会探讨道德基础上的“职场的人性化”，而是着重研究生产力、盈利能力、波动率、员工在工作中身心的存在感、绩效的质量和数量、超预期的自发性和创造性行为，这些最终都与利润有关。

与此同时，我们还要将股权、分红等激励措施与员工联系起来，尽管这一切都有被质疑的风险。

在写这本书的过程中，我希望读者在被“激励”的时候，能够觉察到被人无视、操纵和暗中贬低的“阴风冷雨”。同时，这本书也可以给想要通过激励来改变他人行为的企业决策者们一些建议。

MYTHOS MOTIVATION

WEGE AUS DER SACKGASSE

MYTHOS MOTIVATION
WEGE AUS DER
SACKGASSE

目录

第一篇
视角

MYTHOS
MOTIVATION
WEGE AUS DER
SACKGASSE

第一篇

视　角

MYTHOS MOTIVATION

WEGE AUS DER SACKGASSE

01 对动机的探索源自实践

“激励”经常成为企业内部“混战”的一根指挥棒：“你可能没有正确地激励你的员工？！”这根棒子绝对可以唬住管理者。由于“激励”一词几乎在所有管理者的眼中都具有积极的含义，因此，我们可以一次又一次地观察到它是如何被轻率地用来质疑管理者的行为的（正如我们将在后面看到的那样）。“我如何激励我的员工？”——这个问题就像魔咒一样重复下去：管理者通常会自发地去激励员工，但是出于日常工作的压力，激励员工的任务很快就被委托给第三方来替他们完成。

一位销售经理在把他的销售团队交给我之前，对我说“这次请您好好地激励我的员工”。让我苦恼的是，这仿佛使培训的目标变成了帮助他和团队完成日常工作中做不到的事。在管理座谈会上，一位经理略带几分绝望地在我耳边感叹：“如果每天连自己的内在动机都会受到上层的干扰，我们该如何激励下属呢？”**不可否认的是，管理层觉得自己有责任激励员工，但在面对这项任务时，却经常毫无缘由地感到无能为力。**

我想要深入研究“动机”这个话题，源自在实践中遇到的对绩效薪酬和绩效激励的狂热，用奖金和股票期权的形式来激励员工早已被高级管理者视为理所当然的事。通过与这些高级管理者进行讨论，我清楚地意识到，当所有员工的主动行为都期望得到奖励的时候，会产生一连串自相矛盾的副作用，这让我开始怀疑这些激励形式的有效性。这些激励形式一般会带来以下后果：同事之间的关系变得紧张；为了争取更多的个人奖金，合作变得困难重重；部门间的各种博弈被激发到前所未有的程度。一家大型化工企业的部门经理毫不掩饰地向我讲述了他所在企业的“标准”做法：为长期绩效和特定项目发放奖金，而得到奖励的往往是那些极力推崇各种激励机制以提高绩效的管理者。

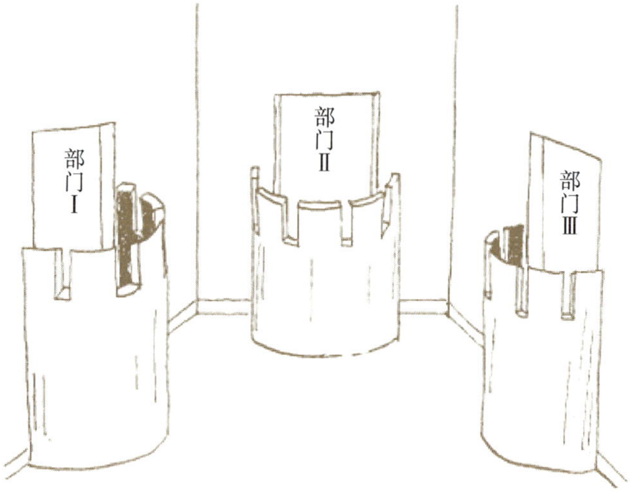

对于管理者，我有两个观察结果：实力较弱的管理者对激励员工的技巧和窍门尤其感兴趣；而实力较强的管理者则有不同的表现，他们不激励员工，而且对激励体系持怀疑态度。

在我看来，使用传统的管理方法来激励销售人员，就像激励水暖工人一样，往往没有任何作用。在与销售人员一起出差时，他们反复向我解释了奖金制度隐藏的无效性：各种熟知的规避技巧让人大跌眼镜；对于较低的业绩排名，管理层往往不屑一顾。当一个人学会与激励共存的时候，他就已经适应了它，而当激励发生在他身上的时候，他对此的轻视更是显而易见的。

我对动机的好奇源自实践经验。鉴于大部分行业都遵循激励理论的思维模式，因此我必须对这些自相矛盾的现象予以解释。我通过观察、访谈和调研来研究这些矛盾，发现“激励”往往通过奖励、表扬、威胁、惩罚的形式来实现。我意识到，在激励制度的寒光下，“领导”只会变成“诱导”。对我而言，每一种具有确定性的激励都不可避免地会产生负面效应——失去动力。

02 了解动机和激励

关于员工激励的探讨数不胜数，例如“以正确的方式激励员工”“成功地激励”“激励实践”等。“具有激励员工的经验”往往是企业招聘高级管理者时要求其必须具备的能力之一。

“能够激励员工”无疑是一项高级管理能力。几乎所有关于领导力的培训都会介绍激励员工的方法或心理动机，几乎所有关于领导力的文章都会讨论“提升绩效的激励行为”。这真是让人奇怪！

提升绩效是努力的目标，它假设员工的绩效有提升的空间和可能性，并且认为这样做是有意义的。但这样做有时会出现难以预料的后果：慕尼黑的一家供应商向用户提供“催眠激励磁带”，并承诺用户“通过对潜意识进行有针对性的激励，可以实现自己的既定目标”。而客户的需求却是“减轻内疚感”“停止脱发”“被爱”等。

动机和领导力

“动机”是一个热词，与领导力息息相关。它来自人们潜意识里飘忽不定的想法，直到被适当的干预（领导）“点燃”，但由于人们习以为常的惯性，它通常很快会回到潜伏的状态。

因此，“激励”的含义可以包括以下内容：

（1）激发他人的意愿；

（2）“唤起”他人内在的动机，并提供实现的可能性；

（3）通过主观能动性和重要性改变行为模式；

（4）激发热情；

（5）鼓励。

如果激励意味着以目标为导向促进员工努力工作，那么激励和动机在语言上也存在关联（在拉丁语中动机包含“推动”的意思）。然而，无论是有意的还是无意的，这种紧密关联都会产生误导。因为动机是一个复杂且具有多重含义的词汇。

动机和激励

美国人可以在“动机”这个词上大做文章，与之相比，“动机”在德语中的含义却不甚清晰，是指“为什么”引发行为（或可理解成“促使人做出某种行动的念头”）。有一篇文章写道：

“无论我们如何定义动机，它实际上都和人类行为的原因有关。关于它的研究自始至终围绕着人类行为到底来自内在驱动，还是由外部驱动展开。”从这个意义上来说，关于动机的思考和研究，较早的文献之一可以追溯到《圣经》。

当今的组织心理学家和行为研究人员经常会问：“为什么员工选择这家公司，而不是那家？”“为什么他致力于完成这份工作，而不是另一份？”“为什么即使会得到一份有吸引力的旅游奖励，迈尔先生还是没有工作激情？”

“动机”最初被理解为员工的行为意愿被激活的状态。员工取得较高的绩效，是因为他们打心眼里对工作本身感兴趣，这是纯粹意义上的根本动机。如果追溯到这个词的起源（在拉丁语中，推动 = 让人动起来的原因），我们可以将这种“推动”解释为对激励的接受性，也可以把动机理解为由利益驱动的“接受”和“利用”，这不仅能衍生出各种可能性，更能引申出有效、高效领导力的必要性。

当动机心理学家四处寻找“为什么”的时候，管理者却正为“如何激励员工”而绞尽脑汁，比如如何让员工的工作绩效最大化，如何防止员工辞职，如何激励员工加班等。

所以，管理者感兴趣的不是思考员工各种行为出现的原因，而是如何影响他们的行为，这就导致“如何激励员工”系列培训课程层出不穷。事实上，他们有必要在需要激励员工的基础上，深入挖掘以个人为导向的“为什么”，以便更有效地提高员工的绩效，但这显然让整个过程变得复杂。

对于不断变化的环境来说，成功的秘诀往往过于僵化，也注定会失败，这是因为那些秘诀忽略了操作的基本前提——管理者的性格。这些秘诀可能会增强现场发言的效果，对研讨会参与者很有帮助，但最后并不会提示“成功激励”的所有长期后果。

在这里，“动机”也可以被理解为通过激励机制产生、维持和发展行动的意愿。例如，员工取得较高的绩效是因为受到了外在的激励即报酬。我用“激励”一词来形容这种外在驱动，将其与个人内在驱动的动机明确区分开来。

动机与激励的关系就像“为什么做”与“怎么做”，两者相互依存，不能分开讨论。在接下来的内容中，我们对两者进行相对的区分。

区分动机和激励

“动机”暗示接近思想，而不透露思想，我很早就觉得这是为了掩饰尴尬。

这个词用含蓄的方式掩盖了问题的核心，通常用来表达将下级的意愿与管理者的有意行为直接联系在一起，由此而产生动机。

术语定义的不确切或模棱两可都会导致误解。但是，如果像众多管理类读物一样，对本质的区别不加分析，不仅会助长定义的滥用，而且会产生由众多没有科学依据的论点支撑的理论体系。就像积极进取的经理突然把工作目标和员工态度联系在一起一样，在他们心中，有种想法总是如影随形，他们认为，管理者只需要去激励员工，员工也必然会被激励。尽管管理者可以通过某些方法和手段达成激励员工的目的，但是这忽视了员工的内在价值。在这种思维方式下，管理者就像屠夫一样，把正在奔跑的猪看成加工好的香肠。

有一种想法也比较常见，就是管理者有责任激励员工！这也正好符合人们普遍青睐的“有行动力”而不是“有思考力”的管理者形象。管理者需要“激发”员工，使他们展现出最好的一面，从而为企业取得积极的成果。

通过以上分析，我们可以明显看到，管理者会对员工的消极态度感到内疚：是不是自己做的还不够多，或者做错了？如果管理者对动机的双重性，也就是自我驱动和外部驱动之间的区别视而不见，他们会一而再、再而三地感受到挫败的滋味。

所以，我们要明确区分动机和激励。

动机是指自我驱动，为个人内在所有。

激励是指外部驱动，来自上级的有意所为或激励体系的运作。

激励和操纵

就像魔鬼躲避圣水一样，管理类读物一般都回避解释“激励”一词所蕴含的结果导向意义。尽管如此，这种有意的回避也无法掩饰外部控制、操纵的明显痕迹。

坦白来说，这就是操纵。激励离不开外部控制，无论如何改变，操纵（拉丁语：用手拉）仍然存在，且十分明显。如果有人仍然顾左右而言他，那说明他在回避谈论激励的道德价值。

操纵或多或少对行为具有潜在的影响，但不一定会损害相关人员的利益。操纵者避免了直接对立，故意提供修改过的、夸大的、包装过的、片段或伪造的信息，巧妙地诱导他人为之付出。

德怀特·D. 艾森豪威尔（Dwight D. Eisenhowers）对操纵的夸大其词（在领导手册中很常见）是通过明显的语言悖论，极力掩盖自我驱动的缺席。他说：“激励是一种能力，可以让人们在你需要的时候，以你想要的方式，做你想让他们做的事，因为他们愿意。”总之，为了满足一个人的需求，另一个人可以被“利用”。这种合法化地通过影响员工为自己谋取利益的手段经常被称为“必要的邪恶”，其中的利益当然由操纵者决定，而他也必须了解被操纵者隐藏的情绪、需求和弱点。

对于那些激励员工的委婉手段，足智多谋的思想家罗尔夫·鲍林（Rolf Balling）创造了“运动”一词，该词似乎结束了（合法的）激励和（卑鄙的）操纵之间长达数十年的激战。虽然这颇具讽刺意味，却也让人们摆脱了思维不一致的困境。

有一种似是而非的说法是，你要把自己置身于激励员工的情境中，才能给他们的动机留有发展空间。这种说法是片面的，因为没有任何企业或合伙制度可以彻底摆脱管理和外部控制。在此，需要阐明的是，我们并不是要讨论关于激励的“推手”，而是要揭露事实、争议以及利益和后果。

03 精神离职与闲暇主义

精神离职

一种被称为“精神离职”的现象正在困扰着许多企业。对于心不在焉的员工，莱恩哈德·霍恩（Reinhard Höhn）提出的知名理论已经被所有管理者熟知。

这个现象来自人们内心的想法，用来表示怀才不遇或对绩效主义的抗拒。在无数次的高层会议、全体大会和研讨会上，管理者对激励体系达成共识、对其进行定义和分类，而激励对象却因为不想参与，和这些精心设计的激励体系玩起了“游戏”，高管们想要捕捉这些不配合因素——**坐在办公桌前梦想去夏威夷度假的人既不在办公桌前，也不在夏威夷，而这会导致所有人的失败。**

精神离职的员工大致的样子是他不再对争论感兴趣，而是成为典型的“好好先生”。就像守门人一样，他在等待铃声响起，不再提出任何建议，只接受上司的安排。他偶尔会发表自己的看法，但当领导坚持要做不可能完成的任务时，他很快就会同意。避免犯错是他最重要的座右铭；生病请假比工作更值得“庆祝”，他对于业余活动更有兴趣。

一位高管对我说：“我已经向领导表达了我目前的精神离职状态，我会做好日常工作，保持情绪稳定，准时上、下班。我的个人和家庭生活更值得我为之付出。”

“精神离职”并不一定会限制职业生涯的发展，相反，许多高管没有将员工行为的改变视为预警信号，反而认为这代表自己“驯服”了任性的员工，并对他们的改变进行了奖励。与此同时，以往尽职尽责的同事们也从中学到了“事半功倍”的秘诀。

“精神离职”对企业的影响就像传染病一样迅速蔓延起来，整个企业都像被施了“心不在焉”的魔咒：从迎接访客的方式、说话的语气到员工对企业的谈论、日常工作中缺少幽默感等，我们都可以感受到员工“身在曹营心在汉”的心理状态和他们 8 小时以外的生活状态。

即使对企业高层而言，职场也早已动荡不安。年轻高管们的理念和目标似乎与传统的职业理念和企业目标并不完全一致。现在，年轻人几乎不可能为金钱和地位倾尽全力。

“精神离职”的资料库已近爆满，面对各种令人震惊和眼花缭乱的内心处于精神离职状态的员工，我们该做些什么呢？没有人会认为动机本身是导致精神离职状态的原因，我们得到的回答都是管理者必须正确地激励他们。很显然，**有形和无形的激励机制正在日益减少，激励的承诺和要求失去平衡**。对此，我的观点是需要改变员工的价值观。

价值观的改变

自 1975 年管理学界首次提出对“按部就班工作的厄运”的呼声后，价值观的改变已成为一种趋势。美国社会研究学者丹尼尔·贝尔（Daniel Bell）预测了“闲暇主义”（享乐主义）和远离纪律严格的工作理念的兴起。在拉丁语中，“industria”（勤奋）似乎正在逐渐失去价值。与此同时，伊丽莎白·诺伊尔-诺伊曼（Elisabeth Noelle-Neumann）不断提出各种数据，旨在证明员工对工作和职业的消极态度。据我所知，她首次将职业动机下降和企业激励体系分开，并用价值观变化的社会学范畴证明了这一点的合理性。

“价值观的改变”是一个术语，我们越想要证明它的合理性，它的含义就越模糊。“价值观的改变”与价值观本身的关联不大，而与人们对价值观的态度及由此引发的行为有关。即使社会学研究将价值观的改变量化到最小的社会单位，其结果也令人困惑。总之，结果就是毫无章法可言。

有意思的是，通过追溯20世纪50年代以来理念的转变，我们可以了解人们对工作和绩效的认知的变化。工作、闲暇（生活）和教育（成长）之间的界限越来越模糊，人们追求的是一种全新、完整且不可分割的生活方式。

社会公认的焦点发生了巨大变化，20世纪70年代初，社会焦点主要在“工资”（薪酬）和“声望”（个人价值）上。自20世纪80年代初以来，人们的工作质量提高了，自我发展的机会也增多了，新的批判体系（公民倡议）、基层民主思想、女权主义和生态运动不再局限于企业层面。特别是20世纪90年代以来，随着互联网的蓬勃发展，对许多人，尤其是年轻和高素质的人来说，“事业”被理解为自己做事、发挥创造力、创建自己的企业，而不是在某家大企业里做一颗“螺丝钉”。例如，当时许多有能力的人才成群结队地加入新成立的小型互联网公司。这些人初期的工资明显比较低，而且工作量很大。事实上，虽然由三个管理类专业毕业生在一个车库里创建的网络公司没有成功，但从那时起，无数的研究者和众多高管已经非常明确地告诉我们，自主性在现在的工作中十分重要。现在的年轻一代想要寻找的是一份符合人生目标、对生活有意义的职业。

职业道德是否下滑

工作积极性的下降是否会引发员工职业道德的下滑？有研究表明，**员工工作的积极性没有变，只是职场中实现价值的方法变了。**那些能够快速适应市场变化的企业，却对员工价值观的变化几乎没有反应。

如果有人想要总结众多研究机构的调研结果，并和我们想要讨论的问题联系在一起，就需要注意以下几点：

- “我喜欢的工作”和“我喜欢的闲暇时间”同样重要；
- 越来越多的员工希望在工作中承担“更多的责任”，与此同时，“第二排的座位”却比以往更受青睐；
- 和 40 年前相比，对于“你认为不用工作的生活会更好吗”这个问题，回答“是”的人并没有增加；
- 工作中的主观能动性越高，员工的满意度也越高；
- “有趣的工作”和高收入一样重要；
- “有意义的工作”正变得比地位和职业更重要。

这并不代表“闲暇主义的价值观”取代了“认真工作的价值观”，而是人们期望有更多机会能充分发挥个人的潜力，期望被接受、重视、包容和认可。

一方面，需要强调的是，工作领域和生活领域之间不再有根本性的区分，也不再被分别对待。员工不再把自己的想法和价值观交给别人管控，这代表企业需要按照员工观念的改变调整管理策略。

另一方面，可以肯定的是，娱乐、积极性和自我发展等闲暇主义正逐渐影响员工的工作态度，他们追求的“理想工作”就是把自己的业余爱好变成工作。

虽然员工越来越关注闲暇时间，希望在公司里做一些有意义、有趣的工作，但和许多人担忧的相反，他们的绩效并没有下滑。

员工价值观变化的核心

我们的思考已经有所突破，能够重新评估普遍存在的精神离职，许多观察家将其解释为趋向闲暇主义的社会价值观。新的价值取向显然没有区分工作领域和生活领域，它们没有被工作充分吸收，因此能量被转移到生活领域，并找到了更多的发展机会，比如“积极享受假期”的热潮。尽管工作创造了经济价值，实现了人类的创造力和执行力，但人们也越来越重视工作和生活的平衡。

这就是价值观变化的核心：**在闲暇时间“非自愿”地弥补个人价值的实现。**

激励的拥护者始终怀疑员工的工作态度：他们一再忽略员工变化的价值观，却试图矫正“懒惰”的员工，并深入挖掘他们的“动机”。奖励机制的“个人化”也是个新的骗局，激励产生的压力，可以通过改进经典激励体系（如金钱和地位）来解决。某些看似卓越的企业，在打造企业形象的过程中推出了一系列举措，却丝毫没有偏离蒙蔽和诱惑的原则，激励让绩效奖金的旗帜高高飘扬，而员工并没有得到真正的重视。

几乎没有人注意到这个近在咫尺的问题，是激励让精神离职的幽灵不断地复苏，最终导致员工忠诚度的下降。因此，我认为**激励诱导了大规模员工的精神离职。**

04 激励的杠杆

在实践中不难看到，当管理者认为员工需要激励的时候，往往都为时已晚。把“精神离职员工”重新变成“精神在职员工”是一件非常困难的事情。几乎所有的激励策略都和工作有关，就算工作条件都尽可能地被优化，最多也只能满足必要条件，而不是充分条件。因为人们从根本上忽略了员工的积极性受众多环境和条件因素的影响，而其中大部分因素是工作之外的。所以，可以利用杠杆的方法，但杠杆应该放在哪里呢？

在一定程度上，员工的工作状态会受到工作内容、组织结构、预算、信息量和上级领导等因素的影响，尤其需要疏导的是由长期失望导致的集体消极，这种集体消极的态度可能是正式或非正式的沟通导致的，比如大家熟知的、颇具传染性的“团体吐槽”。

个体（个人）

绩效动机及其对决策的影响，像困扰哲学家、心理学家一样困扰着组织理论家。所有组织学的理论都认为，行为动机不仅仅来自外部的动力，就算是纯粹的经济动机也不足以解释人类的行为。对这些问题（尤其是对经济因素的偏好）的理解往往源自传统哲学的偏见。

现在人们普遍认为，伦理、社会心理和经济因素都会对人的行为产生影响，这种影响极具个性化，有的情况会格外特殊。许多研究表明，赫茨伯格（Herzberg）在他的论著《赫茨伯格的双因素理论》中阐述的“激励可以提高绩效”的观点站不住脚，因为激励会对每个人产生不同的效果。这给支持激励制度的管理者带来了新的难题：他们需要详细研究针对每个员工的激励方法，观察员工的变化，甚至采取适当的“对策”来应对不同的状况。现实中，让激励制度人性化的呼声越来越高，具有同理心已成为管理者需要具备的基本美德。

我听到大部分管理者抱怨：“不可能！要这样做，我们都得学习心理学，每天要工作 25 小时才行。”于是，他们试图阅读定期发表的关于激励的研究报告来补救。而研究报告的结果也不尽相同，一项调研证明员工具有物质取向，而另一项调研则描述了一个不再追求业绩的享乐时代。有一个典型的问题：“如果在更多的闲暇时间（相同的薪水）或更多的薪水（相同的闲暇时间）中做选择，你会选择哪个？”调研人员可以用百分比的方式描述员工动机的总体结果，可以通过各种可识别的“类型”加以分析，比如有的模型将年龄、性别混合在一起，也有的模型将其他因素加入进来。对一个人重要的东西，可能对另一个人来说并不重要。任何尚未进入“个性化工厂”的东西，都能被加以分析和归类，目的就是为机械化的激励提供精确的指导。

调研人员当然知道他们调研的模糊性，管理者却将这些调研结果视为“真相”。而社会学研究发现，行为的动机（行为）和控制行为的动机（行为发生之前）是不同的。社会学研究人员认为，与激励相关的调研之所以看起来有些道理，是因为调研人员对大多数无意识的决策过程进行了合理化加工。而事实上，指导行为的动机在很大程度上仍然模糊不清。

如果有人想从常规出版物中找到有重要影响的结论，就要非常谨慎，因为这些出版物提供的只是线索。行为过程中内在的心理因素非常复杂，而且正如霍桑（Hawthorne）在20世纪30年代为西屋电器公司所证实的那样：产生行为的原因在一定程度上是自发而不可预测的。**依照“所有人想要的都一样”的座右铭，管理者经常不加选择地将激励机制推行到所有员工。但对许多人来说，这必然是放错了诱饵。**

那些在心理上对员工（不断变化的）动机很敏感的管理者虽然投入了大量的时间（当管理幅度扩大时，问题也会增加），但由于员工心理的不断变化，他们也不能总是做出正确的判断。

如果员工因为不同的激励方法而对企业的管理工具做出不同的反应，有谁会感到惊讶呢？所有形式的退缩和闪躲都是“不恰当”的激励体系带来的高昂代价。如果企业不想付出这种代价，就需要采用个性化的绩效激励，但管理者要为此付出大量的时间和精力，而且结果的有效性也有待进一步观察。

家庭

另一个影响员工绩效动机的领域无疑是家庭。伴侣的不支持往往是一个人工作上的绊脚石，家人对职业、公司和工作内容的认可对个人价值有很重要的意义。

员工工作的动机，很大程度上是在家庭产生以后带到公司里的。来自家人的反对往往容易被人看出来，并受到价值观的评判，例如，与核工业相关的工作会遭到家人的集体抗议，而（表面上）道德高尚的工作则会得到充分的支持。家人的反对可能源于过度的加班，或者因为工作要求而经常出差或外派，以至于爸爸变成了孩子都认不出的“陌生叔叔”，影响家庭的和谐与稳定。

因此，公司也要更加关注员工的家庭。众所周知，很多美国公司领导的办公桌上一定要放一张家人的照片，即使夫妻双方已长期分居，目的是维持形象。因此，配偶对员工工作的影响不容小觑，公司需要让他们感到公司在为他们着想，当然只是间接地进行这项工作，目的是提高员工的绩效和敬业度。我们对打消家人潜在顾虑的方法并不陌生，比如双人套餐、家庭计划、奖励旅行、通过参与公司节日及公关活动体验公司文化、为配偶提供培训机会等，这些方法的理念就是“成功并不使人快乐，但快乐的人是成功的”。

社会环境

和家庭一样，员工个人的心理活动包括需求、愿望和期待，这对员工的“可激励性”设置了更多的限制。我们需要冷静地分析这种外在的影响，并且考虑以下因素。

- 企业在经济活动中的社会责任。

有人认为企业在经济活动过程中承担社会责任这一要求是合理的，越来越多的员工也开始认同这一点。有了这个共识，企业的经营势必会受到影响。例如，不再生产污染环境、制造生态问题的产品等。

在争取员工的认可度上，糟糕的企业声誉没有任何优势，任何企业理念都无济于事。在年度最佳企业的评比过程中，公众的认可对企业来说正变得越来越重要。越来越多的人（尤其是年轻人）希望在工作和业余生活中拥有相同的价值观，这正成为他们的人生目标。他们不会为了工作而在企业的大门口上交自己的价值观。

至少从长期来看，旨在抵消员工负面看法的激励都是无用功，哪怕对员工采取中短期的麻痹也会产生价值观冲突，并会阻碍有效工作的唯一的先决条件——热情的释放。

- 个体的成长与管理理念存在某种程度的偏差。

与前几代人相比，如今的员工成长环境相对富足，也受过更好的教育。社会形态也在发生变化，越来越多的年轻人在单亲家庭中长大，作为独生子女，他们有高度的个人责任感和明显的个性。科技的快速发展及其对多样性专业的要求，意味着年轻人往往被培养成高素质的专家。因此，这给年长的管理人员带来了新的问题。

生活的富足和良好的教育改变了人们的认知，使人们更有批判力。在这种背景下，员工更重视诚实、可信和稳定。可信、真实、正直是当今最受年轻人欢迎的人格特征。看一看许多行政楼层的管理现状，就可以清楚地了解到这种价值观带来的巨大挑战，因为只有少数高层管理者能满足这种新的需求。

对于觉醒的年轻一代，我认为激励的杠杆不会长期奏效，尤其是当管理层不信任员工、缺乏社会敏感度、以指挥官姿态主宰一切的时候，这一点尤其重要。制造迷雾暂时会有帮助，但是任何棱角、虚伪和空谈都逃不出年轻的个人主义者老练的眼睛，尤其是其中优秀、有很大发展潜力的人，更难被迷惑，他们希望自己被认真对待。

人口发展数据明确表明：年轻人会越来越少。大型集团的报告中也披露，高质量人才严重短缺。在这种情况下，如果企业不能对稀缺人才加以应有的重视，就只能在人才的竞争中以失败告终。

杠杆作用能否发挥，归根结底是关于员工个性化的问题。

05 如何理解问题至关重要

理解问题也是解决问题的过程。我们可以用一个问题来检验自己的个人理解和相应的结果，这个问题是“人们不会自愿去做他们应该做的事”。

首先，人类天生就厌恶工作，并尽可能避免工作，寻找快乐。因此，只有在压力、胁迫、惩罚和管控下，人们才能为实现企业的业绩付出努力。只要问题是以这种方式“理解”的，企业就有必要使用杠杆“激励”员工工作。在这种情况下，企业唯一需要解决的问题就是让员工听话。

这个问题后来被改写，并归咎于享乐主义的时代精神：“工作的意义正在消亡！”企业看到了自己的责任，费尽心力让员工对时代潮流坚定地说“不”，并通过各种公关工作对其加以影响。

其次，这个问题也可以被理解为工作中身心投入对人们来说就像玩乐和休息一样自然。当人们感受到工作的意义，并且工作目标正好也和他们的目标一致时，那他们就会全心全意地付出。在适当的情况下，他们会主动承担更多的责任。对责任的躲避不是天生的，而是负面经验的结果。人类天生就有创造力，而这种潜力在职场上从未得到过重视。

对这个问题的每种理解都和个人的价值观相关。如果一个人提出有歧义的问题，那么他很快就会遭到驳斥，通常情况下问题的合理性不是通过人性来解决的，而是求助于调查研究，而不论这些调查是否“科学”。

核心问题

动机的背后也存在着类似对问题的理解。管理者思考的核心问题，往往是怎样才能让员工全心全意地付出。

这个问题有一个隐含的假设：员工没有按劳动合同的要求和应得的报酬来完成工作。从人类学的角度：人们其实不想工作，不想承担责任；只想享乐，在生活中寻找快乐而不是压力。

说得更直白一点，这其实暗含了一个假设，就是所有的员工都是骗子，他们骗取了雇主为工作支付的薪资。

“当你是老板的时候，你的员工就会欺骗你。”我几乎不相信有人会如此理解，他可能被老一辈的管理学理论误导了。彼得·德鲁克（Peter Drucker）说道：“我认为，他可能是在投射自己的经历，或者是在搪塞了事。”

塞内卡（Seneca）认为：“有些人教别人作弊，是因为他们害怕被欺骗。”做一个内心投射：有过失望和悲惨境遇的人，都是多疑的，多疑是弱势群体的智慧。早在 20 世纪 50 年代，莫顿 · 多伊奇（Morton Deutsch）就证明，**一位管理者只有在不信任自己的情况下，才会倾向于不信任他的员工，自我怀疑的领导会有相应的投射，从而开启了“不信任—控制—逃避控制—不信任”的恶性循环。**彼得 · 德鲁克可能没有考虑到管理者对员工行为的影响。

这才是真正有意思的问题：管理者如何才能让员工和他的行为一致呢？

激励的由来

激励来源于工作绩效实际和预期的差距。为了缩小这一差距，人们发明了激励，它的理论基础显然是怀疑和不信任。

06 激励体系是有组织的不信任

不信任

毋庸置疑，虽然大部分都没有说出来，但是所有关于动机的讨论总是带着对人性的理解，离不开人类学假设、个人经历和时代精神。本质上来说，对动机的讨论其实就是对人性的讨论。

调查管理者对员工信任的结果通常很悲观：大多数管理者认为员工推卸责任，只能通过物质加以激励和控制。然而，有趣的是，大多数管理者对自己工作积极性的评价却高很多倍。与之相反，管理者作为下级，在评价与上级的关系时，则会从平等的原则出发，他们甚至在很大程度上认为自己在创造力、灵活性和创新方面优于上级。

我可以补充一个来自许多研讨会和管理大会的经验：对于问题“你用工作能力的百分之多少来完成你的工作”，不同层级的所有管理者都给出了同样的答案——100%。这意味着自我感知和外部感知之间存在明显的差异。对于问题“你是否希望你的上级激励你”，管理者也无一例外地做出了否定的回答，但他们认为员工激励是不可或缺的。考虑到绝大多数管理者同时也是员工，这种认知相当不符合逻辑。

德累斯顿银行前总裁沃尔夫冈·罗勒（Wolfgang Röller）提议：“必须提高员工的工作效率。”谁能让沃尔夫冈·罗勒提高工作效率呢？怀疑显然总是从等级制度“向下”窥视的，似乎只存在拒绝表现的“员工”，以及精神离职的“员工”，而没有这样的管理者。种种方式都体现出了荒谬的不信任。

不信任的企业文化

不信任包括两个方面：第一，激励从上到下不对称的应用；第二，它揭示了激励双重标准的本质，只有不站在与之痛苦抗争的一方时，才显得合理。

不信任对企业文化的影响是显而易见的。专家团队引入了透明的目标管理体系，在许多研讨会上 MBO 目标管理法也被大家所认可，即便如此，人们依然继续被“引诱”和“诱导”。为什么呢？因为上下级之间仍然存在不信任的关系，导致企业变成一个不存在信任的组织。

有一次，我见证了一场销售经理之间的对话。一位部门经理说：“销售人员应该被正确地……”虽然他们之间的谈话声音很小，但很显然他们在说激励的事。有些事不能大声说，怎么可能让整个房间的人都听到“激励”呢？在管理层的会议上，当有人表示员工普遍缺乏动力和主动性的时候，高管们往往会默契地交换眼神。他们没有意识到，对人性常见的判断会导致自我实现预言的效应。

关于自我实现预言，根据来自比勒菲尔德的社会学家尼可拉斯·卢曼（Niklas Luhmann）的理论，不信任的倾向将在社会交往中得到证实和强化。如果我不信任对方，它就会成真。罗伯特·默顿（Robert Merton）补充道：“充满不信任的上级总认为，是员工的行为催生了他们不信任的合理性。”如果管理者认为他们的员工愚蠢、倦怠、依赖性强，那员工就会有这样的表现。最起码，感知的过滤器不允许有其他的判断。这解释了激励的双重标准，一方面希望缩小动机的差距，另一方面却加以阻挠，因为管理者总觉得自己受到员工的欺骗。

人们还谈到了控制的幅度问题。在激励范畴内，这个新词的产生是有原因的，因为在不信任基础上建立的企业文化决定了老板和员工之间的控制关系。在越来越扁平的金字塔体制内进行“控制”，必须通过“信任”来替代。管弦乐队、教堂、医院、合伙人公司就是类似的组织，它们在运作的过程中有极高的“信任度”，因为这些组织中人员的基本价值观是相同的，并且执行度很高。换句话说，组织越扁平，建立在信任基础上的企业文化就越重要。

对人性的悲观看法，可以解释为“不认为人值得信任”。这种认知偏向于实证主义，可以通过经验予以解释。当人们感情用事，并且妥协于“流行的意识形态”时，负面的行为就会被引为证据。在没有调查清楚事情的来龙去脉和进行合理的自我检视时，我们就会认为这个人经常违约、贪婪、不团结。这就是为什么滥用信任对于保守的管理理论如此重要，因为它为人类的悲观看法提供了有力的证明，而这反过来又成了权威统治或诱导性激励的基础。

从这个角度来看，骗子、倦怠的人和没有事业心的人就像树、动物和星星一样，都是与生俱来的。这种想法忽略了人的社会属性，欺骗、贪婪、倦怠不一定是这些人的本质。普遍存在的现象不能从根本上证明它的本质。例如，对于遗传来说，在普遍规则之外偶尔出现的例外，并不能被证明是遗传的一部分，而且大多数情况下人类的行为也不能被模式化。按照这种先入为主的“看法”，人们在特定的时间、特定的环境下就会形成某种特征。这种思维方式忽略了一个事实，就是不信任的预见总是自我实现的。最重要的是，它忽略了自己设置的绊脚石，即内在的动机影响了预期的结果，“从所谓的观察，变成了断言”。

这种思维方式的结果是许多企业内部出现了不信任的元素，到处蔓延着不信任感。特别是在“一言堂”的氛围下，员工缺乏主动性和创造力，企业内部交流不畅，充斥着独断和小团体决议，员工所做的一切都受到了监管，可笑的是，他们还不断受到上级的激励。

除此以外，还有怀疑论。它假定人们从根本上就不喜欢工作，只有在被激励的情况下才会努力工作，这个假设本身就会引发无休止的论证和自我实现的预言。其中的一个论证就是关于精神离职的员工，第一种假设是认为他们其实愿意努力，只是由于某些原因失去了动力；第二种假设是认为他们不喜欢工作，必须给他们更多的理由才能努力工作。难道这是一个信仰问题？我有充分的理由认为，第一个比较乐观的假设是企业文化不足导致员工的积极性下降；而第二个假设会让企业陷入一个悖论的泥潭中，永远解决不了问题。一部多次再版的管理类著作明确地提道：“积极的员工是结果，而不是管理的起点。”不过，我不同意这个观点，我将证明积极的员工是起点，消极的员工才是管理的结果。**总之，所有的激励都会打击员工的积极性。**

模型和理论

这里我们主要讨论的是激励的影响，在这个范围内，完全没有必要迷失在伪理性激励的理论中，因为它们就像所有管理类模型一样短暂。卡尔扎菲利（Calzaferri）用晦涩而诙谐的方式描述道：**“我们经常与前天创造公司文化、昨天创建公司结构、后天不想继续在公司工作的人，在昨天的结构中，用今天的方法来解决明天的问题。”**

无论人们如何煞费苦心地区分激励的各种“因素”，论证各种理论的合理性，或者套用亚伯拉罕·马斯洛（Abraham Maslow）的需求层次结构，在我看来，这些对于内在的动机而言都无关紧要。尽管以马斯洛命名的金字塔模型在科学上是站不住脚的，却被全世界的顾问誉为激励员工的关键，因为它是如此“合理”，并且和组织等级的金字塔非常相似。这种模型在很大程度上塑造了一种普遍的印象，即处于高层的领导者们自我驱动、积极进取，处于低层的员工消极怠工，所以需要激励。

行为学的“期望值理论”一度很受欢迎，在诱惑的包装之下，数不清的激励理论显得毫无新意，就像科学哲学家保罗·费耶阿本德（Paul Feyerabends）的理念一样，万事皆可，想怎么做就怎么做。发明激励理论的行为学家们无论表现得多么科学，他们的科学声誉都很差，而且这些理论都“行不通”，一方面是因为这些模型在职场上的应用需要组织层面具备乌托邦式的、特定的前提条件，特别像马克斯·韦伯（Max Weber）的理想官僚制模型。另一方面，他们没有把员工视为拥有平等权利的合作伙伴，而是把他们看作可以操纵的反应装置和谈判对手，因为管理者的核心认知仍然是不信任和操纵。最重要的是，他们忽略了这种认知的长期效果和副作用，仿佛一片森林里的树叶能够通过操纵变得寂静。

需求是关键因素吗

我们需要深入探讨马斯洛理论和其后果吗？因为无数的激励学者依然在做这方面的文章，所以我对此也略加评论。

所有动机心理学都建立在人类为了满足需求而努力的基础之上。激励可以起到让人产生欲望的作用。较早出现而且目前仍然流行的观念认为，人类本身没有什么意义，只是为了满足需求而生存，如果能够满足他们的需求，就可以利用他们。甚至有人自以为是地认为："什么都可以买到，无非是价格问题。"类似的理论可以简化为等式：确定的需求 + 相应的激励 = 期望的行为。

这个等式不是我为了更有效地反驳上述理论而胡乱创造的，实际上，这种思维方式在今天仍然对领导力有着巨大的影响。

为了克服普通人对工作的反感，管理者采用了"胡萝卜加大棒"的方法。当胡萝卜明显战胜大棒的时候，企业便试图在由薪酬和权力组成的激励库中增加更多的激励因素。马斯洛的需求金字塔和赫茨伯格的双因素理论在简化复杂关系方面大有用武之地，但是这些概念经不住长期的科学审查。新事物就这样诞生了，比如：

$$M=\text{IVb}+P_1\times[\text{IVa}+n\Sigma i(P_{2i}\times \text{EV}_i)]$$

看不懂？这是领导力中“路径—目标—理论”的激励方程式。或者我也希望你能理解以下的思路：“如今有各种各样的个人需求，这些需求影响了个人的意愿，在职业生涯前期，基于不同强度的发展，加上社会化经验，和以前没有被考虑到的环境因素——奖金回报，这些因素共同唤醒个人的期望，管理者可将其作为领导力的普遍原则，企业必须掌控这种期望，并制订个性化的激励方案。”

这下你清楚了吗？这有些恶意地描述了（当然是不充分的）激励心理学的“绝唱”：“期望—价值—理论”。所以，我们不难理解一位管理者的话：“激励员工并不是一件容易的事！”

启蒙运动（思想解放）的演练

在实践中，企业往往通过一些心理学方面的举措“唤醒”个人的需求，这虽然带有非常明显的引诱色彩，但这种方式的出发点是假设所有的需求都是潜在的，只需要相应地刺激和更新这些需求，每个人就会开始热情地奔跑。

心理学家的某些理论很讨高管们的欢心。在这种情况下，所有经过心理学阐释的行为都可以被列入不信任的文化中：心理学家认为，在可观察到的现象背后，往往隐藏着更深层次的“实质”，领导力的艺术就是能够发掘这些所谓的真相。心理学家将人分成各种类型，这种分类也被高管们欣然采纳，员工们貌似复杂又混乱的多样性可以被归类为几种易于理解的类型。一旦复杂的个体被分类，就可以用非常具体、典型的方式来“处理”了。这个词本身就足以说明态度。

我们都知道人各有别，所以要从不同的需求出发，用“因人而异的方法”来识别和控制激励因素。与之相反，在激励机制下，员工并没有表现出同样的反应，没有产生集体激励的效果，这会让管理者很失望。激进的个体化激励方法并没有达到预期的效果。设想中，管理者“只”需要敏锐地了解每个员工的生活方式、目标和动机，就可实现掌控的目的，但最终他们却被员工需求的不断变化、波动、多样性和强度弄得焦头烂额。

这些高管们整天坐在那里无所事事，通过望远镜观察员工，无外乎观察员工处于哪个“需求层次”，然后套用类型分类法，指导员工更上一个台阶，与此同时，“胡萝卜”已经精心准备好了。

不太含蓄的“激励谈话”就像启蒙运动的演练，用罗尔夫·鲍林的话说，就是“敲打所有的灌木丛，然后找出可以激励员工的那颗螺丝钉”。这种理念认为，只要找到那个正确的螺丝钉（真正的需求），就能相应地调动员工的积极性。如果管理者找不到，他就不是一个成功的管理者。在日常忙碌的工作中和不断扩大的管理幅度下，激励就是这么“简单”。谁有时间对员工进行持续的观察？市场部已经知道，客户的购买行为“自相矛盾”且不再有任何的一致性，谁还愿意为不断变化的需求埋单？难道不应该考虑到员工也是“自相矛盾”的吗？价值观和认知的加速变化，尤其体现在年轻一代身上，现在已经无法像过去一样通过分析稳定的价值观来设计激励机制了。无论人们如何理解“协作型领导风格”，都收效甚微。另外，有一点值得反思的是，合作伙伴是这样对待彼此的吗？

在现今有关领导力的研讨会上，对人性和行为的认知是必不可少的培训内容。一些高管更偏好用金钱和地位的激励方法，因为它们可以“吸引”到每个人。正确的思维方式是并非所有的员工都可以用同样的方式管理，按照员工的成熟度“相机行事”的管理方法更合适。但如何解释个性和行为呢？是通过心理启蒙运动的培训，还是通过对潜在需求的挖掘？对于“让我了解你”类型的培训，我的评论是，这对相互理解有百害而无一利。“对于……的了解”创造了优越性和对他人的支配，而不是寻求关系和理解。也许有人认为，如果我想接受某人，我必须理解他。但是接受别人是另外一个话题，与我们提到的正确概念不能一概而论。

到底该如何满足员工的需求呢？古典心理学家塞内卡这样描述不可捉摸的动机：“每个人都知道，某些因素可以影响他们的决定，却不清楚这些因素到底是什么。每个人都知道有一种内在驱动力，却不知道它从哪里来、以什么样的方式运作。”这段话在今天依然奏效：相互矛盾的动机占据着我们，有时是突然的，有时是渐进的，有时是随机的，有时又是滞后的。这就需要自我觉察，而不是“控制”。那么，这些不同动机之间能做到相互协调吗？

为什么不协调呢？人类的动机从来都不明确，永远都是双重或多重的，甚至是纠结的。就算员工表明了态度，比如对低级别工资的不满和跳槽的打算，也改变不了什么。异曲同工的是，定期进行的员工满意度调查虽然显示了员工对薪酬的满意度很低，但企业依然希望将加薪作为一种激励手段。如果我们把加薪与其他统计数据进行比较，就会发现加薪使许多员工突然变成了具有内驱力的“寻找意义的人”。我们很清楚，这些不同的结果在很大程度上取决于所提出的问题。那么，什么是“满足”呢？需求作为动机心理学的基本假设，能否被“满足”呢？只要人的愿望还没有被满足，就无法得到想要的东西；然而，当愿望被满足时，它很快就贬值了。因为目标在实现以后就失去了价值，仿佛它只属于过去。那未来是什么呢？

没有任何一个愿望是完整而无法替代的，总有更大的或者不一样的愿望在前面等着我们不断实现并超越它。当我们就要实现愿望的时候，它很快又被推到未来。就这样，愿望总是不断地超越刚刚到达它身边的人。这就像德国最后一位有公众影响力的摇滚巨星乌多·林登伯格（Udo Lindenberg）唱的《超越地平线》一样，有一种无奈感。

套用弗洛伊德的一句名言：人类满足需求的能力不是与生俱来的。需求的满足是一种偶然现象，并且具有转瞬即逝的特点。持续满足需求是不现实的，尤其从童年时期就开始。同样，人的需求就像拆盲盒一样：你永远不知道里面装的是什么。

总而言之，人们对动机有以下错误理解：

- 人是不愿意工作的；
- 人的需求可以基于层次进行划分；
- 人是刺激之后会做出反应的机器。

07 揭秘诱导策略

四个要素

那么如何缩小管理者和员工之间不同动机的差距呢？就目前所讨论的内容而言，我们可以先描述一下管理者面临的“核心问题”，那就是“怎样才能让员工做他不想做的事”。

答案往往是激励。这个方法可以应用到管理员工、教育孩子或训练小狗等各个方面。简化为一句话就是：“按我说的做，你就会得到你想要的东西。”

在企业里，激励方法形成了一套完整的体系，包括以下内容：

- 奖励；
- 表扬；
- 威胁；
- 惩罚。

下面我会将几种常见的基本组合模式，作为极端情况加以分析。在实际应用中，它们存在交集，并且经常被其他模式替代。

“强硬”策略

这一策略涉及的是“强硬”型上级。他会对着员工喊：“按我说的做，否则我就惩罚你！”或者说得好听一点：“如果一切正常，你就不会受到惩罚！”这种激励方法主要是威胁和惩罚，也包括“激励性的警告”，不过我从来不知道这到底是什么意思。他不关心下级感受到的恐惧，只要他能得到预期的结果。对他来说，下级表现出恐惧就是业绩稳定的保障。他毫不在意员工的态度、想法和感受，因为这些对于他要的“机器性能”没有任何帮助。

“强硬”策略的有效性取决于惩罚措施对员工是否有足够的分量，能否让他完成需要完成的工作。在这种情况下，员工自然会尽量少工作，逃避威胁，在机会出现的时候“逃之夭夭”，形成一套自发的视觉控制和逃生系统。“强硬”策略并不罕见，但在以下情况下会不起作用：

（1）无法通过权力、规则、合同或提供更好的选择，阻止员工跳槽；

（2）无法准确衡量和合理分配员工的绩效。

比如，负责质量的工程师通过采取预见性的措施防止质量问题的发生，他的业绩是很难衡量的，人力资源管理人员也是如此。另外，例如显像管生产的最终质检部，如何确定显像管所包含的 20 个处理器中哪个有质量问题呢？对于管控体系，就算付出再多的努力也无法做到完美，因此管理者认为需要采取第二种方法："必须通过一些方法激励员工，对他们大喊大叫已经没有用了。"

"鱼饵"策略

这一策略涉及的是"奖励"型上级。他看起来很友好，口号是"按我说的做，不然你就会有损失。"他对员工做出承诺："只要你付出努力，就会得到想要的东西！"最主要的激励方法是间接的奖励或直接的惩罚，这些方法和员工的积极性直接挂钩，无须管理者干预：如果员工付出了努力，他就会获得预设的奖励；如果员工不够积极，就会错过奖励。在这种体系中，管理者首先用一定比例的涨薪、可变薪酬或奖金作为诱饵，在业绩实现的时候予以兑现。虽然员工付出的努力有待商榷，但收入真的会增加。

与"强硬"策略一样，员工内心的想法并不重要。大部分管理者的看法是激励体系有自己的规则，不管结果好与坏，员工可以在很大程度上决定自己的业绩，并承担相应的后果。

“鱼饵”策略也会陷入困境（在这种情况下通常会唤醒“强硬”策略）：

（1）奖金制度被抵制或被规避；

（2）大部分员工对激励的反应程度不同；

（3）因无法避免的不公平性而导致的员工躁动；

（4）工作绩效无法量化。

特别是最后一种情况，越来越多的岗位需要较强的工作能力，这就引发了第三个策略——“诱导”策略的出现。

“诱导”策略

这一策略涉及“灵魂”型的上级。他向员工喊道：“按我说的做，但要高兴地做！”他向员工做出这样的承诺：“跟着我干，你会感觉特别棒！”个人目标被潜移默化地“渗透”到员工身上。他们的目标是“认同”，座右铭是“对也好，错也罢，这是我的公司”。

激励的手段有奖励、表扬。通过打造归属感和认同感，管理者稳定地让员工成为企业价值观的追随者。他说的话大多数情况都和理想有关：“我们是市场的第一名，如果你认同我们，你也是最优秀的。”或者说：“我们的产品特别棒，如果你能把它卖出去，你也特别棒。”……这样的体系为员工渺小的自我提供了认同感，并可能在员工身上发挥创造性的作用。管理者在心理上给员工提供支持："追随我吧，我来提携你，你就可以省去成长的麻烦。"

这就是"强硬"策略和"诱导"策略的显著区别：员工内心的态度不再显得微不足道，而是起到决定性的作用。对企业的崇拜很有必要，在"企业身份"的不断影响下，甚至会有员工将企业的标志印在钱包上。

然而，当承诺的豪言壮语土崩瓦解的时候，管理者所采用的"诱导"策略也失效了。例如，在产品失败，面对公众批评的情况下，甚至仅仅是因为高管不合理的行为就会让企业经营多年得到的声誉毁于一旦。原则上，"诱导"策略不鼓励学习能力：哪怕员工犯了错误也不会被揭穿，因为这会破坏认同感。从众多倒闭了的企业的案例中，我们可以发现错误被长期掩盖，直到不可弥补。在崇拜文化的影响下，任何批评都会被看成异类。

这些企业对"退出者"和"不适用者"的态度特别有趣。举一个有点遥远的例子，比如滚石乐队，在吉他手米克·泰勒（Mick Taylor）主动辞职的时候，米克·贾格尔（Mick Jagger）愤愤不平地说："没有人会离开滚石，只有被解雇的时候才会！"极权主义容不得任何逃兵，虽然留下的人会羡慕辞职者的"勇气"，并从坚守中得到了安慰："我放弃了一些东西（如离职），你也要有所放弃！"任何冲突发生涉及的根本问题都是，没什么比剥夺别人的自由更令人难以忍受。退出者被贴上了“叛徒”的标签，不得不面对组织内可能发生的无情报复。如果退出者尝试回来，即使在客观经济条件不利的情况下，企业也绝不会表现出对“浪子回头”的欢迎，而是会毫不掩饰地进行类似帝国反击战的报复。

不守规矩的人在这种企业里会过得很艰难，这种体系自有存在的道理。但是，就像热气球需要持续的热空气一样，他们很难长期保持“比竞争对手好”的感觉。在这种逻辑下，任何不和谐因素都会成为“认同危机”。当员工不再盲目而热情地追随企业的时候，即使他仍致力于他的工作，冲突也会随之而来。这个“幻想家”“顽固派”或“知道的太多的人”面临的压力会越来越大；如果他反抗，只会作茧自缚、被孤立，并被接二连三地泼冷水；如果他退出，就可以拯救自己；如果他保持“忠诚”，就会成为牺牲品。在我看来，这是现今一代经理人的普遍态度。

“愿景”策略

很多大型跨国企业已经意识到不能再用或只用老方法“激励”员工了，必须考虑到多元而且变化的价值观。除此之外，一个可信的愿景可以“抵消”组织调整、业绩下滑和失败，或者至少可以用一种令人欣慰的方式重新加以解释。当个人发展空间和自我价值的实现受到组织和体系限制的时候，一个更高层次的理念就应运而生，因为它可以打破个人发展的天花板。这些跨国企业一如既往地想要“激励”员工，随着管理工具越来越精细化，企业的愿景也变得越来越重要。让我们看看最先进也最隐蔽的激励方法之一——愿景，到底是隧道尽头的光，还是光明尽头的隧道呢。

当物质奖励不能达到预期效果时，企业就开始集思广益：上到集团策略，下到部门愿景，头脑风暴各种“令人兴奋的可能性”。充分的认同感有它的目的，员工会认为企业可以把事情做好！企业是一个联合体，而联合总是从上到下的。仔细观察，你会发现这种策略很容易推行到那些分散而效率低下的部门，这些部门很难让员工变成“追随者”。认同感激发了一种带有明显青春期特征的“粉丝文化”，带有诱惑成分，比如“成为我的人，你会感觉特别棒”。实际上，这种文化根本无法提高员工的忠诚度。

出于认同感，在一种忠诚的氛围中，任何批评都会被贴上“失败主义”的标签，这种区分绝不是文字表面的区别，而是有很强的实用性。在精神离职和外部消耗的持续困扰下，员工只好强咽下无味的企业价值观，做好准备拒绝关于企业的一切批评，甚至排斥那些不认同这种价值观的人。这样就避免了因批评造成的摩擦，但与此同时，组织也失去了学习的能力。如果员工日常做出的微小的决定经常与企业的愿景不一致，就会出现信任危机，怀疑不断增加，甚至员工的积极性也会受损。这种情形的解决方法通常是用企业哲学的情怀来粉饰它！人不再是被推着往前走，而是被拉着走；正如本尼斯（Bennis）和纳努斯（Nanus）典型的伎俩，给人以一种处于社会秩序中心的积极感觉。除此之外，通过操纵的方式、给予者的姿态，为员工创造的这种“感觉”，可以省去为了让员工积极参与企业经营而付出的巨大努力。由于旧的控制引擎——奖励和惩罚依然有效，现今的员工激励是一种美好未来、惩罚威胁和诱人承诺的混合物。

我个人不同意“用愿景吸引注意力”的观点，这个观点说的是聚集力量，为组织筹划一个真实、可信、有吸引力的未来景象，用来调动员工的积极性。不是说我不认为企业的经营方向可以吸引并团结员工，智者所罗门（Salomo）说：“如果没有愿景，民族就会灭亡。”我不认同的是，一些文献将情境管理、愿景管理、新时代、光明时代和新的商业道德（对董事会而言只是关于“道德的收益”）混在一起，形成了家长式的权威主义，甚至带有极权主义色彩。

对我来说，最重要的是谁创建了愿景的模式。像带领军队一样，一位孑然一身的将军，迫切地眺望着军队前进的方向，用大胆而振奋人心的演讲向军队传达此次任务的意义，他所说的真理是唯一的。新一轮的员工激励浪潮波及所有的企业家，包括通用汽车的阿尔弗雷德·斯隆、克莱斯勒的李·艾柯卡、苹果的史蒂夫·乔布斯、宝丽来的埃德温·兰德，甚至马丁·路德·金的“我有一个梦想”也含有这样的激励意味。正是这些“伟人”的理想，像施魔法一样把人吸引过去，并激发他的能量；而当他不再因热情而迷醉，不再被一个不属于自己的想法催眠时，他就会排斥并抛弃这些所谓的愿景。因为这些理想本来就不是他自己的，也没有必要成为他的理想，他可以参与其中，这个参与当然是有条件的，而不是通过催眠的方式。

然而，现今社会中的愿景不是创建起来的，而是被制定好的。个人的理想、生活计划、工作发展和个人价值的实现，对于愿景都是无关紧要的。愿景要创造的是普世的价值，是宏观的，而不是微观的；是一个宏伟的计划，而不是个人的理想。

现今愿景的影响力及无数研讨会的标准可以用安东尼·德·圣-艾修伯里（Antoine de Saint-Exupéry）的一句话巧妙地加以说明：“如果你想造一艘船，不要鼓动人们去采购木材、分配任务，而是要激发人们对广阔无垠大海的向往。”那么，到底是谁在向往大海？要造的是谁的船呢？无论“引导员”如何将影响力高度艺术化，并诗意地装饰自己，都不能否认他对自己利益的掩饰，以及用“诡计”来引诱其他人工作的本质。在故事里，造船工是愚蠢的，被利用了。那么，到底是谁的航行？造船工可能一次也没有出过海。如果我们用开放性的态度去看这个故事，想一想为什么一定要去大海呢？故事里没有任何关于目的地的实质性讨论。

圣-艾修伯里有关通过愿景领导的管理方法也含糊不清，我们仔细观察就会发现他理论里自私自利的核心，他无法回答工业大佬们尖锐的问题："我在哪里可以尽快找到一片大海？"

如果和预期相反，造船工可以一起出海，工业大佬就得构建一个新的愿景，这让整个故事的发展听起来有点背信弃义。另一个故事更老，也更适合糟糕的时代，但即使在今天，它仍具有诱惑力——我们都在同一条船上。听起来，它可以满足不同的个人利益（类似于通过口号"团结一致"），平息所有的内部冲突，将所有不墨守成规和具有横向思维的人融合在一起，形成一个命运共同体。这就是操纵，它的愿景就是通过激励产生动力。

我们可以引用"船员"的故事加以理解："当大家都在使劲儿划船时，老板却在划水！"

成功追求者—失败避免者

基于前述策略，企业无论是从认知还是工具使用上都付出了巨大的努力，目的是通过各种方法判断实际的和潜在的动力不足，并加以弥补。它们各有所长，但共同特征是都来源于不信任。员工的动力不足仅仅是推测，还是真的存在？

在下文中，我将重点探讨以下两种类型的员工，他们代表了企业里员工的基本模式，并对他们的激励效果进行研究。

（1）那些“动力十足”的员工，他们在工作中全力以赴地追求成功和满足，我称之为“成功追求者”。

（2）那些“动力不足”的员工，他们的积极性不高，有限（有分寸）地“完成”自己的任务，并且尽量避免犯错，我称之为“失败避免者”。

对于这两种类型的员工，激励都能发挥作用：对于成功追求者，可以进行奖励和表扬；对于失败避免者，可以进行威胁和惩罚。通常情况下，企业可以混合使用各种策略，将两种类型的员工“一举拿下”。对于成功追求者的激励策略（至少让他们保持热情）往往更多，他们还可以更成功一些——这很重要——于是对他们的管理目标又回到了原来的出发点，这意味着他们的动力还有所保留，等同于动力不足！针对失败避免者的方法，就是要让他们成为成功追求者。这种方法能否有效？让我们思考一下这两种情况的激励效果。

我的观点是：成功追求者如果因为动力有所保留而被激励，就会变成失败避免者。本来他们不存在动力不足的现象，但在现实中开始产生了，而失败避免者只会在消极的泥潭中越陷越深。简单来说，这个体系达不到预想的效果。

MYTHOS
MOTIVATION
WEGE AUS DER
SACKGASSE

第二篇

揭 秘

MYTHOS MOTIVATION

WEGE AUS DER SACKGASSE

08 激励的西西弗斯困局

所有的激励都带有西西弗斯困局的特点。

如果想让有动机的成功追求者更成功一点，就要使用法宝——奖励！但这并不容易做到，因为“合适”的奖励，“合适”的数量，要在“合适”的时间给到员工，而且要“公平”。“你必须向员工承诺奖励”的建议很容易被接受，但考虑到奖金、津贴和绩效薪酬时，这个承诺就开始变得价值不菲了。如果将承诺付诸实践，有时会有一定的“帮助”，营业额的曲线开始上升，可惜的是，上升只会持续很短的时间。当你准备开第一瓶香槟庆祝时，曲线就开始下滑了。还能怎么办呢？抱怨员工不可靠？重新开始奖励的游戏？让长期的奖金像发动机一样无限转动下去吗？双方开始了一场荒谬的周旋。**而人们往往不知道，到底是垂钓者在钓鱼，还是鱼钓到了垂钓者。**

奖励：坐橡皮艇穿越沙漠

奖励的赌博游戏可以无限“下注”：三年前，一辆公路自行车就足够了，但一年后，必须是为期一周的环法旅游；上一年企业为了激励员工，准备了环球旅行，而下一年则需要准备更好的奖品才有吸引力，比如坐橡皮艇穿越沙漠的顶级项目。

为了满足人们不同的喜好，个性化的项目必不可少：一直都很热门的私人定制旅行，目的地和旅行计划可以由赢家自己决定。奖品目录从一级方程式赛车手培训到在巴哈马建草屋，从在曼哈顿执行灭火任务到在斐济与食人族共进晚餐，或者在新加坡的酒店观看大猩猩的同时享用早餐。这些激励方法更快、更广、更怪异，仍然无法激发员工的动力吗？那就让激励越多越好！

恶作剧的巅峰之作是由德国南部一家知名的金属制造商发明的。管理者以超常的创造力想出了“负激励”的点子：按照“没有人应该空手而归”的原则，管理者为营业额较低的销售团队打造了一次自行车之旅，在每年下雨的 11 月穿越洪斯吕克地区，如果阳光明媚，就取消行程。如果他们能提高业绩，第二年就可以在马略卡岛度 10 天假。无论这个方法愚蠢与否，在激励表上，它的得分都是 0。

这会产生什么结果呢？其实是让激励行业蓬勃发展。激励的热潮和由此给企业带来的成本是可以衡量的！新的激励机制与日俱增。就像镇痛药一样，激励有它的短板。因为很明显，只有不停地创造新的方式，才能持续对员工产生激励作用。例如奖励，在过去虽然人们并没有期待物质回报，但出于感谢，被帮助的人真诚地给予帮助者奖励；现在为了不断地激励，奖励也演变成了“贿赂”：所有的奖金都附加着要一次又一次提高绩效的承诺……如果回报未能实现或低于预期，那就糟了。

因此，激励计划中设计的绩效奖励逐年上升，但这种方式产生的吸引力逐次减少，边际效用也下降了。为了让员工提升有限的绩效，企业需要付出高昂的代价。更何况由激励引发的个人所得税问题仍然需要付出金钱来解决！为了规避奖励性旅行的个人所得税，一些企业将这种旅行申报为培训活动。对于特别的奖励，一些员工不禁会问："如果企业在激励机制上花费如此之多，那它要从我这里赚取多少？"如果员工这样思考，激励还能起作用吗？

公正问题

事实恰恰相反，尤其是销售人员更善于表现出一种撇清关系的态度，他们已经深谙其道，学会与之周旋，并从中获取最大的好处。因为达成目标在某些情况下可能会起到反作用，人们怀疑他们没有积极参与企业的运营。在最坏的情况下，甚至有灾难性的影响——让有些员工空手而归。例如，有近一半的企业组织绩效排名，而只有十分之一的人才能在竞争中脱颖而出。那些不能"享受"激励的人，主观上会认为这个制度是不公平的。然而，对大多数员工而言，奖励应该是公平的。这种情况实属罕见。而任何熟悉激励机制的人都知道，企业根本无法解决公正问题。

激励的西西弗斯困局是这样的：人们被一种救赎的力量推动着，他们努力向山上不停地走。但因为一开始的设计存在缺陷，所以他们永远不可能到达山顶。因此，尽管他们可能暂时获得一些奖励，但不断的竞争创造了新的标准和尺度，因为存在这种相对性，没有人能真正到达山顶。那激励的助推器呢？是的，事实上“助推器”来自“推”，当谈及员工的时候，他们只是单纯地被持续推动而已。

就像西西弗斯永远无法将巨石推到山顶一样，这是一个不断想要实现，却永远无法到达终极目标的困境，必须用新的激励方法让螺丝钉无休止地转动下去。只有内心敏感或被高管中的灵魂人物训练过的员工，才会经常被激励所诱惑。

但问题仍然悬而未决：谁在激励谁？高管们像道格拉斯·范朋克（Douglas Fairbanks）一样，在激励机制中跳来跳去，挥舞着军刀，有时是胜利者；有时是失败者；有时是推动者；有时被驱赶，就像失控的船漂泊在操纵的海洋上一样。激励家们气喘吁吁地抱怨员工过分的要求和放纵，这一切并不能让我为之所动，因为在看似合理的激励理论中，每个人都知道这是一个悖论。

由于激励的西西弗斯困局存在不完备性，它还有另外一个特征，就是存在激励文化的“流沙”：**在激励旅程的移动沙丘中，走得越快，陷得越深。**

激励奖励

如何解释这种困局呢？背后有哪些心理因素在起作用？行为学的研究已经有了令人欢欣鼓舞的结果。

下面，先给大家讲一件趣事：一位老人每天都被邻居家的孩子们取笑。有一天，他想出了一个办法，对孩子们说“如果明天你们来取笑我，我就给你们1欧元”，第二天孩子们来了，取笑了他，并得到1欧元。老人又对他们说：“如果你们明天还来，我就给你们50欧分。”孩子们第三天又来了，再次取笑他，并得到报酬。第三天，老人要求他们再来，这次的报酬是20欧分。孩子们听了之后，感到很愤慨：他们可不想为了那么一点点钱取笑他。从那以后，老人拥有了前所未有的安宁。

讲这个故事的是美国社会心理学家艾尔菲·科恩（Alfie Kohn），他证实了一系列前沿的心理学研究，这些研究似乎驳斥了学习的基本规律，认为奖励并不是提高绩效的最佳方式。在这个例子中，孩子们最初的动机是取笑老人，之后他们因为报酬而取笑老人，这时他们原本的动机被激励破坏了，变成了外在因素，而之前的刺激、紧张、好奇心都消失了。

如果让学生有机会在简单和困难的任务之间进行选择，他们当中的大多数会选择相对困难的任务。但是，如果以提供金钱作为完成任务的奖励，他们几乎只会选择简单且易于衡量的任务。在刻板印象中，一套有效的方法会不断被重复使用，因为根据以往的经验可以快速直接地取得成功，而创新和创造力却被束之高阁。

在另一项研究中，几位女孩需要教年幼的孩子们一个新游戏。对于成功“教学”的回馈，一组女孩可以得到一张免费的电影票。另一组女孩得到同样的任务，但是研究人员没有承诺给她们任何奖励。结果令人惊讶：表现更好的“教师”却是那些“免费”承担任务的女孩。

相关的研究也证实，当孩子因为完成一项任务而得到奖励时，他很快就会失去兴趣，变得不满意，并且表现得不如那些没有被奖励的孩子。原因就是他们付出努力，不是因为事物本身有意义，而是被奖励“取代”了。

怀疑者对此评论道：“这是因为孩子们还没有被奖励机制宠坏。但是，如果有了奖励机制，却没有额外的奖励，没有人会付出努力。”这个评论错得很离谱。我仍然清楚地记得，一家电器公司的员工向其他公司出售了一套人员筛选系统，并取得了巨大的成功。有一天，他收到了公司管理层开出的 5000 马克的支票，在附加的感谢信中，公司表示希望他继续销售这个系统。这个员工便马上停止了努力开发系统的工作。

也许我们不能一概而论。但是，我们应该知道，奖金有一种魔力，尤其是在被奖励者用极大的热情和主动性完成工作的时候。一位蓝领父亲对华尔街的经纪人儿子说：“机会就像钱在踢你的屁股一样。”因为儿子总想借牛市把之前从父亲那儿借的钱加倍奉还。即使考虑到员工可能“并不是真的需要”，但有一件事是肯定的，那就是所有对创新的热情都被奖金腐蚀了。

激励机制让员工变成一群对奖励上瘾的“孩子”，他们不再关心自己的工作，而是之后的奖励，一切都深受外在因素的控制。

即使是对反思能力较差的成年人，奖励也能起到一定作用。但行为生物学已经证明，人们很快就会习惯于更高水平的刺激。因此，如果没有额外的奖励，人们表现出的意愿就会降低。

西西弗斯困局

行为生物学中的“双重量化”原则可以很好地解释“驱动力（动机）”和“刺激力（激励）”这两个变量之间的关系。在一定的激励下，只需要少量的自我驱动，就可以触发一个行为：激励强度越高，所需的驱动力就越小。众所周知，激励带来的热情很容易就会消退，所以只能提高激励强度，而这会导致需求的不断膨胀，激励的初衷就这样被破坏了。我把这种规律称为激励的西西弗斯困局，也就是说：

任何激励都会破坏动机。

这个规律的后果不容忽视，激励的条条框框限制了员工本身具有的动机，使他们变成了缺乏动力的失败避免者。在这种情况下，企业会再次考虑使用激励手段，因为它的出发点正是上文中分析过的，为了弥补绩效现状和可能性之间的差距。归根结底，激励本身就是一种病，却要去治愈别人。

这种规律培养了一种类似被宠坏的消费者的态度，永远不满意地等待着下一季的新品。就像西部狂野的赏金猎人一样，一直等待着悬赏金额变得足够高。员工们屏息等待，直到管理层无计可施，只能放出奖金的诱饵。这种机制创造了诱惑的需求，大部分员工都通过这样的方式晋升为高管，并对这种做法习以为常，几乎没有人意识到其中的问题。而当高管们的期望被满足，并屈服于诱惑时，就会再次重复使用这种机制来避免失败。积极性就是这样被挫伤的，正所谓要求越来越高，主动性越来越少，员工在等待的是奖励，而不会主动奉献。管理者气喘吁吁地追逐着新的“要求”，就像“狼群在追逐猎人”。

习惯性被激励所产生的不满

简单来说，在主动性和奉献精神所代表的动机被破坏的情况下，人们却在设计精美的 PPT 上谈论着创业精神和自我责任感，真是滑天下之大稽。

这还没完，如果激励的强度增加，而自己的驱动力却没有被充分调动起来，人的潜能就不能被充分利用。比如，被激励的人不再对计划的实现、项目的实施感兴趣，失去了创造力和好奇心。与其相反，被激励的结果是挫折感、厌倦、不断增加的要求，以及将精力转移到抱怨中。激励甚至引发了工作上的空虚，这一切真是讽刺！潜在的焦躁和不满是被激励的典型后果，并为企业里的牢骚圈子提供了燃料。这就是新激励机制所带来的回报。

在这种情况下，员工不会感谢企业，从行为生态学的角度看，他们不必感谢企业，这在道德上也合情合理。短期激励和奖金实际上被员工当成工资的一部分，从某种意义上来说，这种预算性质的福利只是被“强制”扣留而已。激励在竞争对手中也很常见，至少不能和员工假装说激励是一种“额外的”福利，它早就被放在人力成本和营销成本的预算中了，因此，员工也就不存在感谢企业的理由。

想通过对激励的西西弗斯困局的洞察，促使现今的管理者们快速改变行为，我对此并不抱有太大的希望。建立在经理文化之上，倾向于财务上的短期主义、急功近利、快速的工作轮换和不进则退的态度，本质上和奖金激励的思维如出一辙。毫无疑问，激励在短期内可以实现对员工的控制，并将员工的认知和行为玩弄于股掌之中。这种机制可以说是利益的私有化和相应成本的社会化。崇尚快速达成目标的管理者又何乐而不为呢?

实在不行，管理者可以用阿尔贝·加缪对“西西弗斯者”的诠释来安慰自己：“他们在神话人物身上看到了人类英雄的原型，自愿接受了生活的矛盾和荒谬。”

瓶颈期的员工

让我们先考虑一下西西弗斯困局的后果，然后进一步证明任何激励都会破坏动机这一论点。

如今的等级制度已经扁平化，“洋葱”模型取代了金字塔模型，高管们发明了一个新词——差异化结构。随着管理幅度的增加，缩短的沟通渠道标志着等级制度的合理化，这也能节约成本。而“如何激励我的员工”依然是一个重要的话题。计划中的升职步骤突然被缩减，激励的螺丝钉完全拧不动了。企业里出现了一种崭新且巨大的问题群体——停滞不前的员工。他们本可以升职，却因为某些原因被延迟。尽管上级许诺他们有升职的希望，但是由于组织结构的原因却不能被晋升。

这就是激励的诅咒，几十年来，职场上的员工一直被外在的承诺所激励，这使他们时刻盯着更高的工资和更高的职位所带来的荣誉感，这使得现在所有的承诺都显得不合时宜。有事业心的员工正大批量地成为缺乏动力的员工，很显然，这是一群沮丧的人，他们看不到新的目标。有人说过："组织必须扩大成功的标准，让那些处于瓶颈期的大多数员工也能有成就感。"

不会有比让员工"感觉自己像个赢家"更荒诞的言论了。企业用既有的模式匆忙应对，比如重新打造激励体系，强制业务部门之间的"横向移动"，重新设计职称体系，进行延迟满足的训练，针对"黄金平台期"的员工扩大象征性奖励的范围。一种精心设计却很容易就被看穿的伪行动主义，只能在极其有限的情况下实现它的目标，也就是想再次抓取员工的精力和主动性，简言之就是动机。

也许巫师的学徒们再也无法召唤灵魂。几十年来，员工内在的动机已经被外在不断变化的奖励所摧毁。现在只能进一步转动螺丝钉，但是几乎没有人认为，一个人做某件事纯粹是因为他想做而已。

要想真正有所改变，必须付出行之有效的实际行动。第一步，释放每个人身上已经休眠的潜能，对现状进行开放透明的探讨；第二步，将激励封藏，也就是减少激励，否则将无法满足不断增长的期望。对于根深蒂固的传统，这一步无疑会非常困难。但是，即使是万里长征，也是从第一步开始的。

09 统治者犬儒主义式的表扬

"您是如何成功激励他的？"

"通过表扬……"

——E. 基雄（E. Kishon）

亚伯拉罕·林肯（Abraham Lincoln）曾为管理类著作题词："我们每个人都喜欢恭维，都希望得到认可，尤其是发自内心的认可，却很少得到它。所有人对它都有一种迫切且不可遏止的饥饿感，但只有极少数真正有权力的人才能满足这种饥饿感，当这样的人死去时，连殡仪馆的人都会为之哀悼。"人们需要仔细阅读林肯的题词，他把"发自内心"的认可演变为"凌驾于人之上"的对权力的需求。

这里先明确一下，本节内容主要针对"高级"管理者。如果我的某些分析得到一些强硬派的支持，我只能保证自己极度不赞同他们的看法。

对关注的基本需求

众所周知，人不可能仅靠面包生活。如果不想变得没有安全感，自己感到的全是痛苦，那就需要被关注、被认可。任何人都不会拒绝被认可，虽然很少能得到它。不少人甚至有极大的缺失感，因为他们自己和周围的人常常很吝啬对他人予以认可，人们只能从周围的一切汲取这种温暖的认可感。

很多人已经反复研究过被关注和被认可的需求，逃避式儿童精神病学家勒内·斯皮茨（René Spitz）再次证明，即使在有利的生存条件下，婴儿如果没有感受到通过身体接触、拥抱或温柔的声音表达的关注，就会退化，容易生病，甚至死亡。这与那些生存环境较差（不卫生、营养不良）但有爱心陪伴成长的孩子完全相反。

年幼的孩子对自己应该做什么以及不该做什么的标准还不甚了解，他们迫切需要父母的表扬，以此作为他们行为的指导。我们暂不对此进行讨论，如今对孩子的表扬已经成为时间匮乏一代的父母体现快餐式的关注的一种形式。

可以肯定的是，如果孩子没有得到积极的关注，他们就会用某种方式取得消极的关注。换句话说，如果一个孩子没有得到任何或有限的积极关注，他宁愿用讨厌的言语和眼神甚至是殴打别人来引起他人的关注，而不希望自己完全不被关注。这种行为貌似很有效，正如英国的一项研究显示，如果没有得到关注，英国儿童每天会平均“收获”412条负面评论，而正面评论只有37条。

认可经济

我们作为成年人，仍然需要被“抚慰”。一位经理人曾说过：“我希望，当我早上起床去上班时，不是因为需要赚钱，而是希望有人站在某个角落里对我说‘你干得不错’。”

但“抚慰”的概念本身指一种工具性的、机械性的处理方法。特别是在企业里，这意味着用“节省的—抚慰—经营”的方式对员工进行认可的经济处理，这是许多员工争夺认可和进行“心理战”的原因。员工调查一再表明，组织中常常严重缺乏认可。尽管“抚慰”的方法并没有限制，但仅限于通常的人际交往形式，而这也已成为一种稀缺商品：我的伴侣和我的孩子得到的不多，我的朋友更少，我的员工少之又少。人性化的认可和关注被人为地限制了，继而成为操纵别人的工具，通常被用来衡量距离和亲近的程度。

表扬也成了慷慨姿态的一部分，表扬是他人“给予的”，这是来自许多高管的经验，因为它会激发员工对物质的期望。

表扬的“盛行”

如果有人觉得我们做得很不错，我们通常会为此感到高兴，因为我们感受到了认可，并且有更多的兴趣和勇气继续做下去。但是，如果我们所做的一切总是被当成理所当然，甚至被批评，我们就会失去兴趣和勇气，久而久之，还会失去自信。至少看起来是这样的。

近年来，“表扬”式的领导方法在管理类理论中变得非常盛行。传统的领导方式（强迫、威胁）已经不起作用了，表扬员工成为一种特别人道或者说人性化的职场模式。类似童子军“日行一善”的座右铭，现在最高级的领导智慧是“你应该每天表扬你的员工”。

合作型领导力的宣传要远大于实践，表扬的“技巧”也不尽相同，“表扬”型的经理人正成为领导力的缩影。激励性的“表扬”应该直接深入员工的灵魂，释放出未知的能量。许多管理者很快就意识到，每天正式地表扬员工，很快就会让预期的效果适得其反。

这里的问题是，如果表扬的建议被采纳，就会被机械化地执行。管理者给员工设立了“表扬账户”，自己随之变成了表扬机器，员工们只能无奈地摇头说：“他又去参加研讨会了！”这种时髦的管理方法也很快成为一种空谈。

诚然，许多在工作中的人辛酸地感到缺乏认可，但他们是否也会感到“缺乏表扬”呢？对此，我们有充分的理由进行怀疑，**如果仔细观察，就会发现表扬是一种模糊而狡猾的行为。**虽然其致命的影响不会立即显现出来，但在一定情况下，它对上级和员工的关系弊大于利。

表扬的困境

显然表扬也存在着困境，如果上级从来不表扬员工，员工就会抱怨；如果他过于频繁地表扬（所谓的“赞不绝口”），表扬就不会被当真。但是“太频繁”的频率是多少？这可能因人和情况而异。有些人可能会因一项引以为豪的工作而受到批评，却因一项平庸的工作而受到表扬。也许应该建立一个“表扬间隔”……

还有一个无法解决的问题是公平性。一个人受到关注并被表扬，另一个人就会被忽视。路易十四说：“我颁发的每一枚奖章，都创造了九十九个嫉妒的人和一个忘恩负义的人。”另一位伟大的领导力心理学家也表达了类似的观点：耶稣从来不表扬他的信徒。

操纵

诚实负责的行动需要有诚信、可控的环境。但是在激励下，引导变成了诱导，对操纵的时刻警惕和信誉的降低，使得即使是发自内心的最善意的赞美，也会有被质疑为操纵的可能。

的确如此，在企业里，表扬离不开高度操纵的本质。有些人发现自己在经历了一系列的表扬和抚慰性的谈话之后，会感到莫名其妙的紧张和压抑，总是觉得哪里不对劲。这种感觉可想而知：表扬在无形中形成了操纵。其实质是“先用力抚慰，再告知真相”。其中，如果主管对员工提出拒绝或批评的意见，那必须得是“建设性的”！

表扬和批评的方法有悠久的传统，并且这两个词总是形影不离。表扬可以增加批评的效果，一本管理类读物上写道：“只有会表扬的上级，才能让批评发挥作用。”

现在总有人说表扬和批评是密不可分的，其结果便是带有操纵性的过山车式方法只能让员工看管理者阴晴不定的脸色行事。表扬拉开了“建设性”批评的序曲，并很快就会被看穿，从而失去了本应具有的价值。

人们经常能看到员工不耐烦地等着表扬结束，他当然知道，表扬之后的批评才是真正重要的“大结局”。

更明显的是“捧杀”。表扬的操纵性在某种程度上被扭曲得面目全非，故意“表扬错误的一面”会导致大家的反感。大公司的董事会成员都知道，在重大改革之前被董事长表扬有多么危险。

“补偿性”的表扬

有些人可能有过类似的经历，不想接受表扬，因为他并不认可表扬者，或者感觉被利用了，或者管理者曲解了他的本意，以至于表扬听起来有点像嘲讽。这种变相的表扬常常因为被表扬者缺少勇气而无法拒绝，因而形成了毋庸置疑的潜规则：即使你不想要，也永远不要拒绝领导的表扬！你怎么能这样冒犯他人的“好意”呢？

表扬限制了员工的行动自由，特别是当一个人被表扬“包围”时，谁能拒绝呢？被操纵的人羞愧而无助地站在那儿，接受表扬的同时，也被剥夺了自由。西格蒙德·弗洛伊德（Sigmund Freud）对此说道："你可以保护自己免受攻击，却对赞美无能为力。"

表扬扼杀了自由。

表扬是一个强大而危险的工具，说它强大，是因为它看起来如此无辜。

"战术性"的表扬

对当今盛行的操纵性的表扬，许多人表现得很无助，虽然他们想要"惭愧"地拒绝："这是理所应当的，这是我的职责。"意料之中地，被表扬的人想要逃避，一个原因是他们从小就没有机会学习如何应对这种情境；另一个原因是，他们本能地感觉到了操纵的成分，并心存疑虑："他这么说，是因为他想从我这里得到什么。"

现实情况往往是很多管理者有一个表扬的储值罐，在有"需要"的时候"捐赠"表扬。所以，当他们希望员工有出色表现的时候，就会把给予表扬"作为报酬"，奖金也是其中的一部分。也许员工在被表扬的前三次还会觉得很光彩，并创造了非同寻常的业绩；但在第四次的时候，他就会犹豫；第五次的时候他会轻声说“不”，他不安地感觉到了管理者给予表扬背后的意图。

夸张、大胆的表扬潜移默化地提出了对未来的要求——继续努力！这种情况下的预期效果往往会适得其反。特别是对于那些失败避免者来说，这增加了他们对无法达到预期的恐惧。在高期望值面前，许多员工神经紧绷，畏缩不前，于是预期的效果便消失了。

或者出现另外一种情形，懒惰无用的人应该为自己的表现感到羞愧，而优秀且有能力的人应该作为榜样，被大家关注。与此同时，企业内部产生了大量的嫉妒情绪，甚至让某些员工联合在一起，共同抱怨——在我们这个时代，个人主义很容易被视为企业文化的牺牲品，管理者不应该忽视员工共同的敌对情绪。

有激励经验的管理者在管理智慧中进一步升华了“战术性”的表扬，他们认为可以提前表扬某些员工。就像一句广为人知的格言所说：“表扬可以让人进步。”

那么，我们如何应对企业里那些让人不舒服的批评者呢？总经理笑道：“很简单，狠狠地表扬他们。批评的声音扼杀了员工对管理者的拥护。如果大家看到，就连最激烈的对手，我们都能为他们的重要工作给予表扬，那管理者们就不会很糟糕。”你以为这是开放式的沟通？实际上远非如此，这反而是具有诱惑性的表扬。

可以说，表扬的迷惑性越是隐蔽，发挥的效果就越好，让人既被诱惑，又感到惭愧。被表扬的人不仅无力抗拒，还可能会被其他人嘲讽。那是一种被展示之后的尴尬，因为自己的成长被暴露出来，让人愧于接受表扬。所以，实际情况是这样的表扬让人惭愧。

对表扬的反应可以回溯到我们的童年，那时我们有很多愿望，尤其渴望得到表扬：不管做了什么，能得到表扬就好。正如塞内卡精准地描述道："表扬，不是因为事情本身值得表扬，而是为了满足愿望。"

在职场上呢？鉴于权威，工作的结果已经不重要了，随之而来的便是许多企业里的"PPT 文化"，内容不再重要，重要的是管理者喜不喜欢。正是员工希望得到表扬，促使许多管理者作为"特邀嘉宾"出现，直到管理者尴尬地问："你认为我会喜欢你的工作吗？"

欺诈的竞争

被上级表扬的人，都会受到成功的惩罚。对于满足个人期望的表扬，其背后更多的是管理者希望通过煽动员工来更快、更有效地完成目标。这样的表扬很有可能让员工在业绩报告中造假，他们会"做出"各种标签化、统计和速得的结果，以及一些无法评估结果的行为。如果之前慷慨表扬过员工的管理者发现了这些情况，就会深深地哀叹员工的自私和欺诈，而他正想把这些品质作为对自己有利的筹码。在欺诈的竞争中，他的运气还不够好！

除此之外，还有一种可能就是，热衷得到表扬且有事业心的“野心家”型员工与企业的目标基本一致。在开始的时候，这可能是真的，但在取得一些值得称赞的业绩之后，情况却会发生天翻地覆的变化：“野心家”型员工利用企业提升自己的形象，一切都是他实现自我推销的素材。鉴于此，管理者有必要仔细推敲这类员工对企业的贡献。

标准的垄断

上述讨论还涉及另外一个概念，即表扬之前的评估过程，其评估的不是某个人，而是他的表现或行为，也就是他所做的事情。这里显然有交换的性质：那是对业绩的表扬。

和表扬密切相关的一个特征就是评价的专权。一方有权评价什么是好的、正确的，而另一方只能接受这种评价。表扬是基于从上至下的等级制度。与之相反的是沉默，从下至上则只有沉默。表扬确定了上级和下级的关系，极端一点来说，这就是一种“主仆”关系。席勒在一首叙事诗中写道：“伯爵会表扬他的侍者。”

表扬不仅能让人有管理者的样子，也能在提升自己的地位方面起到积极的作用。彼得·斯洛特迪克（Peter Sloterdijk）笔下的人物范·莱登（van Leyden）咄咄逼人地说：“我想知道是谁决定了到底应该表扬什么，因为表扬的一方总是更有优越感。”一般来说，在表扬范围比较大的情况下，表扬信中都会“抬举”所有的表扬者，这显然能让每个人都能从中受益。众所周知的作用就是“仆人”成就了“主人”。

在德语中，“公开表扬”这个动词通过前缀明确地表明“从上至下”的对象。由此，表扬来自上级，从慈爱的父母的角度，给予表现良好、感恩并愿意接受表扬的孩子。

肢体语言也会表达这种权力的差异：比如拍肩膀这个动作，它通常意味着“认可”，但这显然是上级对下级做的动作，并且同时象征着权力。你会拍老板的肩膀以示认可吗？表扬级别比自己更高的人很有可能会适得其反。被表扬的上级会觉得你不尊敬他，感觉你狂妄无礼。因为所有人都知道，只有“掌权”的人才能给予他人“表扬”。

表扬的本质就是基于这种局限性和不对等的关系。它创造了类似于父母与子女的上下级关系，培养了企业里大批不独立、寻求表扬的员工，他们往往不负责任，有依赖性，只会随声附和。这就是那些所谓的有企业家精神的人吗？他们是否足够优秀，具有开拓精神和创造力，能巩固和扩大企业在市场上的竞争地位吗？

恰恰相反，表扬阻碍了优秀员工的表现！那些渴望表扬的人，一直在努力，直到得到管理者的表扬变成了唯一能够衡量他是否优秀的标准。

一个企业能满足于此吗？这种方式不可能创造真正的价值。只有那些完全致力于工作的人，因为全身心的投入而无暇顾及表扬，才真正优秀。正是这些不在乎褒贬、满怀激情和坚定信念的人，不需要被表扬。这些人才是企业的顶梁柱，而不是那些狡诈的“野心家”。

表扬对个人的影响更为深入。当一个人依赖外在认可的时候，很容易就会失去平衡。无论我们有多成熟，如果我们诚实地审视自己的内心，许多人都会发现自己内心深处有对父母的依赖，渴望得到照顾和保护。这也是许多高管将养育孩子的方法直接应用到员工管理上的原因之一。即使很多人表现得很成熟，但他们还是从小就习惯于从其他人身上汲取力量。但他们还没有意识到，事实上这种力量不在他处，而是在他们自己的内心。**他们错误地以为可以从外界环境获得他们没有的东西，却不知道自信才是最重要的力量。**表扬的作用恰恰相反，会滋生无力感。

如果对表扬的渴望支配我们的生活，决定我们的价值，并且成为所有行动的决定性因素，那我们就对表扬有依赖感。如果一个人总是依赖于外在的认可，从严格意义上讲，他的性格存在被动依赖型人格障碍，这也是企业战术文化中最常见的心理干预重点之一。对于依赖别人的人，包括渴望被表扬的人，美国知名的精神科医师摩根·斯科特·派克（Morgan Scott Peck）说："这是最糟糕的情况。如果你对海洛因上瘾，你会感觉特别好。只要你吸食海洛因，它就永远不会让你失望，并且让你快乐。但如果你期望另一个人能让你快乐，你就会一直失望。"

可能有人认为这是在夸大其词，但有一件事是可以确定的，**如果有人可以表扬别人，他就可以批评别人。**而那些依赖表扬的人，总是生活在害怕得不到表扬的忐忑中。他永远找不到自己的价值，因为他的价值是基于别人的评价，并通过“衍生”的孩子般的安全感来实现的。

在对外界掌声的希求中，有些人虽然老了，但他们从未长大。

反向的表扬

可以逃避表扬吗？毫无疑问，许多员工期待得到上级的表扬，即使这让他们像孩子一样听话。当他们期望的表扬落空的时候，就会变得不安。表扬至少表明了管理者赞同的态度，总比没有反应或反应不明确要好。有人可能还会质疑，因为这取决于表扬的方式，是以一种真诚的方式肯定某些“出色”的表现，还是用甜言蜜语或公开展示的方式予以泛泛地宣扬。

这里需要重申理解的重要性：在上下级的关系中，即使是最慷慨的态度，也不能避免操纵的可能性。这和表扬是否真诚无关，因为我们对表扬的理解总是取决于外在的条件。在企业里，表扬通常被补偿性或战术性地使用，只有在少数情况下，当上级和员工的关系是对等、开放的时候，才存在真实、自由和非操纵性的表扬，**将表扬置于权威之外几乎是一种幻想**。只有当员工也可以表扬上级，而上级不必怀疑这是一种战略性的表扬的时候，表扬才成为一种积极的形式。所以，只有在反向表扬原则上可行的时候，表扬才有效！

无论如何，表扬仍是次要因素。相反，我要提倡被忽视的“认可”和“认真对待”的方法。

感知、关注、认可

认可的第一条原则听起来并不稀奇——为他开心！也就是说，管理者可以为员工取得的成就感到开心，并且公开地通过手势和面部表情表达出来……对于有些高管来说，这不太容易做到，因为他们担心员工的成就会威胁到自己的权威。

第二条原则与工作表现无关，那就是关注员工！许多员工都有一种不被发现、不被关注、实际上被“忽视”的感觉。员工提出的建议得不到回应，上级对员工的存在毫无反应，或者只是敷衍地回应，以至于员工无法深入表达更重要的观点。罗伯特·莱姆克（Robert Lemke）悲观地写道：“认可是一种生长在坟墓上的植物。”

关注对方，接受反馈。没有人比博托·施特劳斯（Botho Strauß）的描述更精准：“你追随关注你的人，他非常重视你，尽管周围敷衍的目光无法看到噼啪作响的星星之火。彼此的关系在关注的过程中逐渐升华，感同身受对方走过的殚精竭虑的心路历程。”

关注和认可也可以通过善意和关心来表达，它们本就是一体的。这种关注来自对员工情感上真正的关心和合作中的伙伴精神。

我再重申一次，这种善意和关心不应该与绩效相关，不应该联系到员工具体的表现或者值得表扬的业绩，而是应该面向每一个员工，只因为他是企业的一员。

当今，很少有人能够想象他们可以获得积极的感知、关注和认可，不是因为他们“做成”了什么，而只是因为他们的“存在”。汉斯·乔纳斯（Hans Jonas）用新生儿加以诠释，新生儿对外在的感知和接纳的需求是天生的。

我听到一些人说：“好的，好的。但是也要把它运用在日常工作中吗？”我曾经有过一次这样的经历。那时我刚刚加入德国 3M 公司，在开了一天漫长而让人疲惫的会议之后，晚上我和一位比我高几个级别的上级在桑拿房里遇到了。他不经意地对我说：“你能和我们在一起工作，我感到特别开心。”

我忘记了别人对我的表扬，但是这句话我永远记得。

10 奖金机制的零和对策

企业里的奖金机制本身就是一种病，却要去治愈别人。

钱的作用

让我们看看大家怎么看待金钱的。

"收入最高的100位经理人。"——商业杂志。

"如何赢得金钱游戏。"——某畅销书。

"提升员工业绩的主动性完全取决于公司付给他多少钱。"

——某位企业家。

人们常常认为只有钱才能激励别人。"钱能让世界运转"，每个人都为此付出一切。他们认为，只要给业绩低的人更高的工资，他就会登上一个又一个成功的高峰。

然而，越来越多的调研结果恰恰与之相反。对现代的年轻人来说，享受工作的乐趣，做多样化且具有挑战性的工作，参加培训、继续教育及参与性的领导力培训，都比获得高工资更重要。

不管价值观如何变化，通过金钱激励员工的作用都非常有限，组织心理学中有一个老生常谈：**通过加薪“激励”员工的半衰期是 48 小时**。从第二次世界大战结束到 20 世纪 70 年代，出于对物质的需求，人们还会为了钱而努力工作。如今，当人们的物质需求基本得到满足的时候，这种需求已经不复存在了。

要避免误解：现实中每个人都想多赚钱。我并不是说人们不能在短期内为了钱付出额外的努力。许多追求快速成功的管理者会紧紧抓住这根稻草，这根稻草的关键就是所有的激励能产生昙花一现的动机，但其结果通常由其他人承担。许多现象和新的价值观证明，长远来看，金钱已经不能弥补价值匮乏、缺少自由空间和消极的企业文化。今天几乎没有人愿意单纯为了钱而消耗自己的时间。

从实证的角度来看，目前不存在任何统一的结论，以后也不会有。价值观、生活方式和社会文化已经变得纷繁多样，就像约翰·奈斯比特（John Naisbitt）描述的那样，我们生活在一个“具有多种选择方式的社会”，个人、团体和场景变得越来越分化，并形成一种“新混乱”，让企业的营销战略家们常常感到头疼。与此同时，很多非营利性组织的成功和影响力也证明了金钱并不是决定性的因素，如绿色和平组织、红十字会、教会组织、大型的体育俱乐部等。它们的成员以志愿者的身份或拿着较低的薪水工作，却总能取得非常好的成果。

当然，商业公司不是游泳俱乐部，更不是红十字会。问题是它们能否从其他地方学到一个道理，那就是**光靠钱是买不来业绩的，如今比以往任何时候都更不可能做到这一点**。金钱可以吸引很多人，但不能长期激励其产生更高的业绩。如果一个企业不能提供有意义、有效且有乐趣的工作，优秀的员工就会离开。最有价值的员工往往是那些随时可能跳槽到其他企业的人，而留下来的人却是那些在其他企业永远无法得到与现在同样高薪水的人。由此可以得出结论：就算是再好的薪酬体系，在企业范围内运用“不当”的话，也可能造成员工选择离职。一个企业不希望发生的选择效应就是员工的“闲暇主义”，在此，任何支持只有金钱才有效的说法都是徒劳无益的。

凌驾于动机之上的权力

如今的管理者不得不面对各种看似相互矛盾的情况。就连原子物理学家尼尔斯·玻尔（Niels Bohr）也证明：事物不具有唯一性。然而，为了掌控员工动机的管理者试图通过创造“管理可行性”的机制来挑战现实的复杂性。因此，那些线性思维的人被迫去寻找简单而没有矛盾的世界，只有这样，管理者才能从根本上实现对员工的线性操控，似乎也只有这样他们才能保证自己的权力。

在这个价值相对分化的社会中，原始的自我激励机制获得了新生：员工的动机往往不受控制，它们独立而变化无常，不受管理者的影响，也无法预测。**管理者给这种不可预测、变化无常的变量罩上一张行为激励的网，无非是试图让非理性的事物合理化且易于管理，避免在个人主义、变化无常和令人生畏的混乱中失去控制。**

为了保证可预测性和可行性，人们一致认可永久有效并且对所有人都适用的“简单真理”——金钱。但前提条件是动机是可以用钱买到的。在快速变革和价值观分化的时代，对企业来说，这种所谓的“务实”想法可能是危险的。出于对凌驾于员工动机之上的权力的欲望，管理者愈发强化“经过验证”的薪酬激励机制。面对当今时代的复杂性，行动者的思维越是迷失方向，就越会寻求帮助，尤其是求助于看似得到过验证的经验，也就是求助于激励实践的大鳄——奖金机制。

所有人想要的都一样

在前文中，我们分析了很多基本的解释和假设，接下来要讨论一下这些思想所涉及的管理体系。最具代表性的奖金机制，希望通过机械的方式管理员工的动机。虽然泰勒主义提倡的机械效率管理方法已经过时，但管理者仍然相信奖金机制下的机械化认知——激励让人无法拒绝。这一认知的前提条件是，管理者认为员工是“激励—反射的装置”。

管理者将诱惑和惩罚的手段应用到所有员工身上，但奖金机制能否恰好满足员工的需求呢？在追求“管理可行性”的过程中，他们忽略了一个简单的事实，即薪酬激励和每个人的实际需求往往有很大的差异。正如之前提到过的价值观的变化，如果员工出于不同的动机，对企业的激励制度做出不同的反应，谁会感到惊讶呢？对于欢迎奖金机制的人来说，这或许是个好的方法；但对于不看重金钱的人来说，任何现金形式的回馈都会给“不合适”的激励体系带来代价，他们会越来越不认同这份工作和这家企业。

“负向”的怀疑性惩罚

并不是每个人都愿意和我一样逆向思考，下面的内容是我思考的焦点——奖金机制的意义。我们了解到，激励来源于怀疑，也就是说：“如果我没有机会扣留你的钱，你就不会全心全意地工作。”前提是管理者假设员工对业绩有所保留，这就造成了实际工作表现和潜在工作表现之间的动机差距。为了弥补这一差距，管理者创造了激励。我们可以用下面的图形来描述。

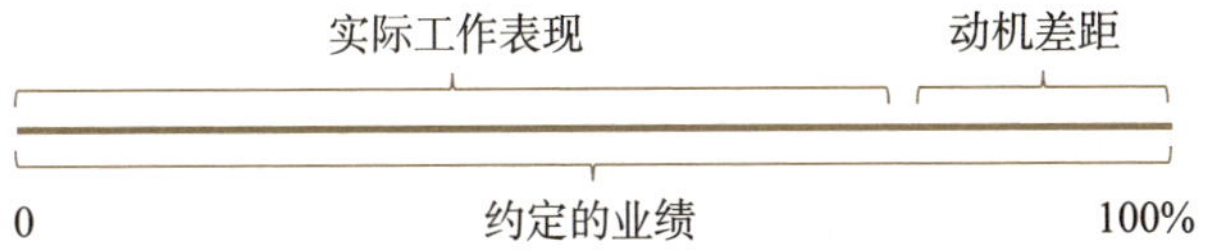

上面这个图形可以解释奖金的来源。人为延期发放的奖金，是为了用来鼓励员工做出额外的努力。按约定的绩效，本应该支付 100% 的工资，其中的一部分被拆分出来，变成了“可变薪酬”。由此可知，奖金实际上是一种罚金，只是被好听的词汇包装了一下而已。那么，又有谁会想要这种罚金体系呢？

其实质如下图所示。

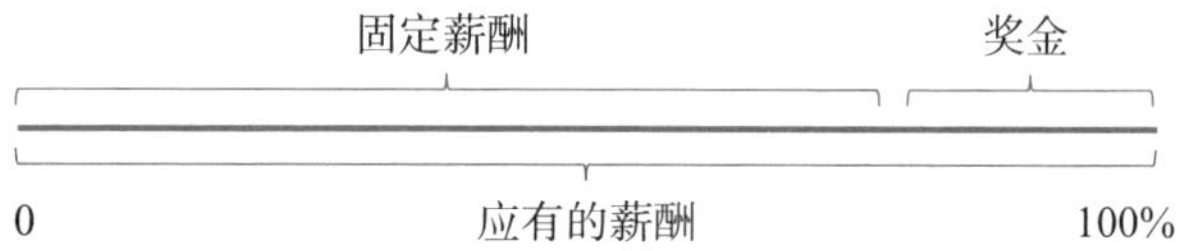

上图揭示了奖金机制的逻辑：作为一种变体，奖金不过是一种出于不信任的预留款，一种预先设定的、负向的怀疑性惩罚。“与业绩相关的收入”是它的名字，“不信任相关的收入”是它的本质。它意味着管理者有这样的心理：“我不相信你能完成约定的业绩。如果你遵守约定，你就会得到全部的工资。如果不这样做，你就会给自己造成损失。”

管理层的主要错误之一就是通过奖金的方式摧毁员工主动完成业绩的责任感。从隐藏的社会心理学层面来看，怀疑性惩罚起不到激励的效果，反而让员工变得更消极了。如果根据员工自己的假设，他们完全投入，愿意承担，并能够完成约定的业绩，那么奖金就是毫无必要的，因为它和个人对公平回报的需求相矛盾。在员工心中，奖金就是他应得工资的一部分。而员工追求本应获得的工资，却需要面对管理者不公平的待遇！下面我会谈到这种有失公平的做法导致的报复心理。

公平的假象

多年来的员工调查显示，95% 以上的员工认为自己的职业道德“较高”。但管理层怀疑这一结果，甚至试图证明员工的积极性不高，这完全是无稽之谈。市场会受到大量不确定因素的影响，只有在极其有限的情况下，才能单独得出员工积极性和销售下滑的关系。虽然管理层可能持不同意见，但是如果员工不能得到目标工资，比如固定工资和奖金，他们就会感到不公平。在普遍使用的可变收入体系中，其中的一部分被合理地延期发放，这部分收入的不确定性可以通过保证奖金、固定奖金、最低奖金、集体奖金、滞后发放的奖金等方式“弥补”。然而，任何“事后付款”都是徒劳的，它绝不会限制被奖励员工的缺失感和对奖金任意设置的不满之意。

除此之外，有些企业不仅想奖励销售业绩，还想奖励预测的准确性，预测得越准，得到的奖金就越多。前提条件是，框架条件在规划期间内不发生任何变化。这让人想起经济学家的“在其他条件都不变的情况下”的理论，也就是说市场的动荡被忽略了。如今，由于市场的持续变化，在企业制订奖金计划后的两周内，预测的数据就会发生巨大的变化，影响衡量业绩的外部条件，于是奖金机制的基本条件也不再有效了。

比如，销售公司一般设有与销售相对应的区域市场，销售结果与个人业绩精准挂钩。而跨区域的经销商网络（包括网购）在现实中完全行不通。同样，“跨境销售”也越来越国际化，可变薪酬的先决条件被破坏了，管理者无法预测个人业绩和销量之间的直接关系。

同一家医疗技术公司的两个销售团队因为奖金而相互博弈：A 团队希望继续服务医院的临床医生，卖出的价格较低。B 团队卖出的价格较高，他们希望通过拉拢医生来获得更高的提成。在这场博弈中，医生的选择起到关键作用。

事实上，奖金机制的设计过程存在巨大的公平性问题。如果充分考虑到市场的复杂性，给员工预设的目标就不太可能达成。这一结果和许多经理人的观点形成鲜明对比，他们认为可变薪酬的另一种形式——绩效工资特别公平。“如果你表现出色，你就会得到属于你的钱，如果不能，你的收入就会相应地减少。”

这种观点听起来似乎有些道理，涉及公平、绩效原则、市场经济，但它的目的不过是某种程度的对抗。自古以来，以其人之道还治其人之身的方法是建立和维护权威的要素之一。它有一个不为人知的优势，就是自我调节机制，业绩差的人会自食其果！这点让管理者很满意。

奖金机制创造了一种公平的假象，让员工自己承受不公平的惩罚，仅此而已。发明奖金机制的人并不关心市场、经济、价格、产品、竞争和管理层，而是把这种复杂性简化为一个因素——员工的积极性。他们不研究原因，也不提供解决方案，只会加剧本应该解决的问题。

在市场高度联动的情况下，员工没有得到管理层负责任的指导，反而被“鞭策”。这没有错，却有其他的后果。如果让员工遭受不公平的待遇，他同样也会机械地不公平对待“别人”和“体系”。无论发明什么样的惩罚制度，都会被认为是不公平的。个人业绩和营业额之间的“直接联系”作为所有奖金计划的基本原则，在严格意义上永远无法得到证实。结果就是员工会普遍产生消极和报复的欲望。

“优势”之一：成本的灵活性

即使管理者在马拉松式的谈判中累得精疲力竭，也会一丝不苟地将谈判进行到底，却对不合理的奖金机制视而不见。深谋远虑的战略家们都会质疑这种财务上激励员工的方法，因为如果奖金机制的逻辑成立，那么首先不再会有完不成目标的情况，员工的业绩总能达成预期；其次，只要给员工更多的钱，就可以不断取得新的成就。

奖金机制具备吸引力，有更深层次的原因，如果完不成目标（比如销量），员工的可变收入作为工资成本就会相应减少（如前文提到的变相的克扣）。从雇主的角度看，这种别出心裁的设计创造了一种优势，如果扣留一部分收入能真正起到激励的作用，那么销售业绩不好一定是由于市场的原因，这种情况通常不是员工的责任。

恰恰是那些可变收入比例高的人，在用自己的工资承担市场变化的风险。因为销售额的减少会造成相应人力成本的降低，因此企业的风险实际上被转移到了员工身上。这公平吗？至少是值得反思的。

“正向”的怀疑性惩罚

如前文提到的奖金机制的设计居心叵测，它的应用根本不能做到两全其美：

（1）奖金（本质上是罚金）作为一种“负向”的怀疑性惩罚，源自管理者对员工积极性的不信任，如果员工完不成业绩，收入就会减少；

（2）奖金（这里是实际意义上的）作为一种“正向”的怀疑

性惩罚，发放给那些有积极性的员工，给他们机会通过努力超额完成目标赚取额外的收入。

我们可以用以下图形来展示。

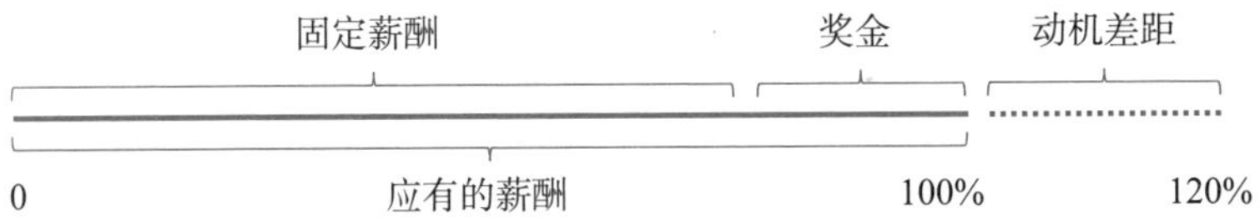

这听起来还不错，通过努力多赚钱。但这只不过是为人熟知的另一种诱惑形式。一方面，当劳动力市场水涨船高时，它被伪装成虚假高薪。另一方面，正如希腊神话中的双面人雅努斯用怀疑的口吻微笑着说道："如果你愿意，就可以超额完成业绩。但是超额的这部分是你故意隐瞒的实力象征，因为只有在得到额外奖励的情况下，你才愿意付出努力。"所以，这种员工实际上也是骗子。对于这种深藏不露的人，只能用到"正向"的怀疑性惩罚。奖励他们的原则是："如果你付出额外的努力（在正常情况下你不会），你就会得到这样或那样的奖励。"由此产生以下两种可能性。

第一，他就是个骗子，为了获取竞争优势，故意巧妙地隐藏自己的能力，这类似于早期的网球分级。著名学者托马斯·冯·博诺玛（Thomas von Bonoma）这样解读："如果你认为自己可以获得 10% 的市场份额，就承诺 8%，因为你的报酬取决于超额业绩，而不是目标业绩。你不会让奖金从指尖溜走的，对吧？”一个荒唐的伪装和欺骗的游戏开始了，你只需要聪明一点。

第二，他不是骗子，但他的业绩还可以提高。通过适当的激励，可以调动他的积极性。

第一种情况，可以用到上文中的分析。关于第二种情况的更多内容我们在后文通过典型的兴奋剂案例来加以解释。首先，我想指出奖金设置机制中存在的一些问题。

产品组合营销及其后果

通过奖金控制产品组合营销的方法很普遍，企业按照销售计划把奖金分给不同的产品组（红利拆分），或者差异化更大一些，可以用某些产品的价值系数乘以营业额来计算奖金（系数调节）。

在奖金机制下，管理者并不确定员工能否实现既定的利润，但似乎没有人提出异议。当营销专家在协调会上忿忿不平地抱怨产品组合不平衡的时候，整个事情就变得复杂了，因为销售总监要确保销售人员也能销售没有奖金回报的产品。

这就是自我设置的陷阱，当管理者将员工的收入与某些产品的销售联系在一起时，又会感到不安，因为员工只关注和他们收入有关的产品。

更荒唐的是营销培训取代了过去的推销模式，现在的培训机构通过媒体打造了战略销售、软销售、客户咨询和长期客户忠诚等术语。所有营销培训都鼓吹，最重要的标准就是在销售过程中明确分析客户的需求，这已经成为销售的关键。销售人员首先要通过电话反复询问客户的需求，加以确认之后，再提供相应的某类产品；然后销售人员带着“有奖金回报”的订单拜访客户，大量的某类产品被推向市场。当然，销售人员一再强调这一类产品的原因是他的大部分可变收入都与这类产品有关。这就是奖金机制下产品组合营销的有趣结果。

集中规划的弱点

前文的分析明确表明：要么是营销培训忽略了实际问题，只关注销售过程中死板的、以客户为导向的一面，要么是通过奖金来控制产品组合营销，而这完全是硬销售时代过时的方法。

销售人员如何走出这个困境呢？很明显，他的行动不是基于客户的需求，而是基于他对奖金的需求。按照计划，他将精力集中在能提升自己收入的产品上。**这就是奖金机制的结果，即完成计划的利己主义思维，而不是企业家的无私奉献精神。**

一个集团销售部的高管告诉我，德国南部的小杂货店的老板们在看过他们公司销售人员的名片后，差点用石头砸他们，并把他们赶出去。因为几年前这家公司另一个部门的销售人员卖给了这些商店很多家用海绵，销售人员因此得到了高额的奖金。

在美国，一家航空公司试图提高起飞的准点率，将飞机从登机口离开作为标准，并且将机组人员收入与准点率挂钩。之后，机组人员让乘客按时登机，按时从登机口“出发”…… 不过飞机往往要在停机坪上等待几个小时，才能得到起飞许可。不出所料，挤在飞机狭窄座位上的乘客非常愤怒。这难道就是航空公司高层标榜的以客户为中心的理念？

重要的是，机械的激励体系显然导致员工更关注奖金，而不是顾客和竞争对手。他们的精力用在了内部（工资）而不是外部（市场）。

即使奖金机制被用了几十年，也不足以证明它的有效性。根据以往的经验，其通常只在达成奖金目标前不久产生效果，事实上达成奖金目标绝不是因为员工足够努力，而有可能是推迟和提前交易的人为操作，这经常造成员工和企业之间的零和博弈。为了在一年或季度末获得可观的收入，基于绩效的薪酬机制往往会诱使员工只看到短期的成功。

如果这样的销售真能“成功”，那么销售人员可以在 31 日开出发票，在下月 1 日取消，特别是在业务年度即将结束的时候，每个人都努力“收集”订单，以获得更高的奖金。在压力下，销售人员找到他们的“好朋友”，出于纯粹的友谊，向他们推销某些产品。其后果将在下一个业务年度显现，包括整理订单、退货、信用卡还款。就算没有进入奖金“前十名”行列，还可以为下一年做“铺垫”。每个销售人员都知道，就算再糟糕，也没有什么比前一年更好！因为在这种机制下，今年的成功就是对明年的惩罚（今年超额完成的 120% 的业绩，就是明年 100% 的目标），所以他们必须尽可能地把未来描绘得很惨淡，市场上有巨大的问题和残酷的竞争。销售人员会刻意不要卖得太多，因为这会对下一年的奖金设置产生不利影响。这就是奖金机制阻碍了销售的惨痛教训！我知道一个小型特殊医疗设备的销售部，多年来一直出于这个原因努力推迟销售。这是绩效体系想要获得的结果吗？不是。这也可以解释为什么在设计激励体系时，只有大约 20% 的时间用在搭建体系上，而 80% 的时间却用于防止激励体系被滥用。

原本是为了激励销售人员努力工作而制订的奖金计划，却造成了他们对顾客漠不关心的态度，而这种态度又用“顾客就是上帝”的口号来弥补，真是荒谬。

奖励成瘾

接下来的内容与更深层次的思考和员工的工作态度有关——**个人期望会影响工作表现**。事实上，个人期望可以分为两类。第一类是在某种情况下，员工通过努力工作，可以达到某种结果和成就，这就是“努力—结果—回报”模式。在一定程度上，紧随其后的是另一种心理预期，即“结果—回报—期望”模式。

奖金机制可以影响员工，让员工的行为进一步对企业产生影响，但却几乎找不到对工作“发自内心”地感兴趣和负责任的员工。如果在可变收入机制下，计划的年薪有可能会减少或增加，那么所有的经验都表明，员工的精力和注意力会从工作内容和结果转向奖励。

员工思考的问题不再是自己需要做什么才能在工作中创造最大的利益，而是考虑做什么才能获得最大的回报。员工会在工作中直接“跳过”工作的价值，因为他们的目的是得到回报。

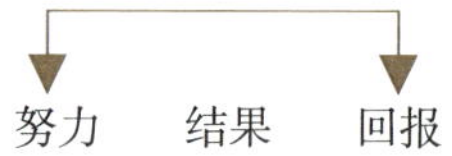

因为企业告诉他：“完成这个目标，你就会得到奖励。”所以，员工越来越关注奖励，而不是目标。这就是为什么这么多的员工赞同“我工作是为了生活”这句话，而他们所说的生活在下班以后才真正开始。对他们而言，工作只是赚钱享受工作之外生活的工具而已。职场就像是一个巨大的再教育机构，用来创造而不是阻止闲暇主义，“客人一样的员工”就这样产生了。**如果员工对工作本身的兴趣被获得金钱替代，他们就不会在意工作所创**

造的价值和结果。“目的”可以转移员工的精力，就像大多数人很早就接受过的教育：“如果你把饭都吃完，就可以看电视。”“如果你好好学习，就可以出去玩。”……

奖金机制也可以用来提高工资，实现收入的差异，这样做的目的性很明确。奖金机制的作用是通过奖金影响业绩，用对工作结果的回报来吸引员工。与之相比，工资制度有一定的滞后性，但也有一个显著的优势：员工可以把精力更多地集中在实质性的工作上。工作不直接与奖励挂钩，业绩不直接影响收入，员工就会把更多的精力放在工作上。

再次引用一位企业家的话：“员工是否愿意付出完全是收入问题。如果这一点能得到保证和承诺，就能实现绩效。没有人会自愿加班，每个人都试图缩小自己的责任范围，几乎没有所谓的个人主动性。”让人惊讶的是，当谈到员工的时候，管理者认为员工只对地位和金钱感兴趣，因为员工对工作的兴趣被各种奖金机制取代了。如果所有的体系都围绕着奖金，员工当然只对奖金感兴趣，就像自我实现预言的经典循环。

这就是移位效应，员工对奖励的兴趣取代了对实际工作的兴趣，激励（外在的，来自外部的）取代了（内在的，来自内部的）动机。激励和动机之间的关系不再是如人们通常所认为的加法，而是减法。

贬值的标志

大型企业通过标志和仪式管理员工，奖金机制也是如此，这和个人价值取向有关。如果有人的收入是固定的，他 / 她就被认为有能力完成业绩，别人相信他 / 她有主动性。如果有人的收入"与业绩相关"，那么他的业绩背后就有一个问号。没有比这更明显的讽刺了。

在我看来，个性化和弹性化很受欢迎。在这样的趋势下，自取式咖啡厅的模式被创新地应用到薪酬策略上。具体是什么呢？当然还是激励。在一个研讨会上，我看到有关"提高绩效激励"和"将财务激励作为一种管理工具"的宣传册，这让我大吃一惊！这就是领导力吗？尴尬的是企业通过与绩效挂钩的薪酬体系来管控成本，由此可见，企业对高管不能完成业绩的怀疑显而易见。**一个企业越是缺少实干的精神，就越是渴望控制员工的积极性，业务部门就越是容易陷入“弹性收入”的旋涡中。**

管理者为打造激励机制付出的巨大努力（所有人都在抱怨的官僚主义）不仅会进一步增加，还会深入至新体系的设计、绩效标准和目标的管理上。德国人力资源管理协会的行业会议手册上写道：“传统薪酬将不再具备优势。未来的薪酬管理会更侧重于通过具体的考核标准，平衡薪酬结构，以达到更好的管控效果。”对于行业会议发起人来说，激励机制也会对高管候选人起作用。“未来可变薪酬的比例会更多，因为企业在寻找合格的管理人员时，绩效激励制度对人才吸引起到关键作用。”我严重怀疑企业通过这种方式能不能吸引到人才。

在管理类读物上，我越来越多地读到以下内容：“与绩效相关的可变薪酬被高管用作激励工具。”匪夷所思的是，如果企业不相信高管的积极性，为什么要任命他为高管呢？如果董事不信任自己的高管，谁还会相信呢？这不是个人问题，而是一个现实的问题：高管的选拔流程是否合理？如果合理，这个问题就不能通过激励来解决。

近年来，所谓的“绩效薪酬”已经扩展到高层管理人员，但问题是：谁能决定绩效？谁来衡量呢？20 世纪 90 年代，在一些小公司的带动下，高管的工资达到令人惊讶的高度。而既得利益者们把高收入归因于“市场原因”，似乎任何关于合理性和适当性的争论都可以通过参照“市场”解决。然而，受益人往往是那些能决定奖金、额外奖励和股票期权规则的管理者。

还有一种影响更为明显，也是所有激励体系的特点，甚至可能进一步造成更大的损害，那就是：管理者的努力都是为了实现目标奖金，这不言而喻，比如“漂亮的利润表”在短期看来一定是成功的。

我并不反对企业层面普遍的员工分红。虽然这让人们变得短视，但如果企业业绩好，那就代表每个人都做得很好。在这种情况下，难道是团队合作在这里不起作用了？真是令人感到迥异的自相矛盾：一方面，强调团队理念、合作和沟通，为了让内部的“协作”更顺畅有效，企业大力发展培训和内部宣传活动，并提倡“网状思维”用以加强个人对整个组织的责任感；另一方面，企业仍然重视并奖励个人业绩，内部差异化竞争成为“激励业务”的口号。因为软因素（团队、沟通）通常只能起到引导的作用，但个人绩效奖励是结构性的“硬事实”。可以猜到，结果就是暮气沉沉和互不信任的工作氛围。

甚至人力资源工作也被竞争和奖金机制“塞满”，特别是在一些美国的大公司。美国一家计算机巨头的人力资源发展部负责人在一次研讨会上对这种毫无意义的机制解释道："两年来，所有申请奖金回报的项目都堆在我的办公桌上布满灰尘，这些钱太好赚了。"

现实中的偏见

现实中，人们很少能认识到工作本身的意义，对金钱的渴求加深了人们的偏见，人们会认为可变薪酬可以"产生"并永久保持员工的动机，"购买"员工的积极性，乃至持续不断地减少成本，增加营业额，并提高利润。奖金机制阻碍了管理层想要提倡的专注于工作本身的动机。

所谓"知易行难"，上述论点不难理解，但依旧有人会问："该如何取舍呢？"他们顾虑重重：取消奖金机制需要一定的前提条件，这些条件又和另外一些条件相关，另外一些条件又和其他条件相关。实际上，对我来说，"是否需要激励机制"不是研究的问题，归根结底是意志的问题。我认为更可取的方法是大家对企业文化达成一致，并且履行承诺，然后事物的运转就会服从于意志。如果我要迎接未来的挑战，需要明智、合作、负责的人，他们乐于参与、挑战自己、发展自己、规范自己，同时认识自己。我必须在各方面认真对待他们，否则就会竹篮打水一场空。我不能通过可变薪酬、奖金制度或其他激励机制让他们产生不信任感，因为这些只能给企业带来一场零和博弈。

11 激励就像兴奋剂

一位知名的德国工业领袖评价一位离异的经理时说：“大家都知道他不忠于自己的家庭，我又不傻，绝不会相信他会忠于公司，他迟早会给我制造麻烦。”毫无疑问，这个类比并不明智，我们认真分析就会知道问题的核心。当一个人为了让家人过上舒适的生活而努力工作的时候，他可能无法陪伴家人，有人一年甚至要出差九个月，或者在一个用工作时间衡量业绩的企业工作，结果常常会因工作影响家庭生活。事实上，恰恰是那些和谐家庭的倡导者，从不考虑工作和生活的平衡。

为了避免误解，我并不否认个人在表扬和激励机制下的责任，也不是说企业要有良知，不要给员工过多的业绩压力，避免诱惑员工，更不是要求上级有义务照顾到员工的方方面面。我关注的问题是由激励机制诸如分红、绩效薪酬或奖金引发的员工过度劳累，能否为企业带来回报，因为没有人能一直坚持下去。紧张和放松是每个生命体的两端。然而激励带来的不是紧张，而是紧绷，甚至是焦虑，这对业绩没有半点好处。

就像在体育竞赛中使用兴奋剂一样，关于奖金和分红机制的讨论也经常用体育竞赛来打比方。在下文中，我将假设那些有充分动机追求成功的人，他们的业绩表现毫无保留，对他们来说，并不存在动机上的差距。但他们也被卷入无处不在的激励体系中，好像如果有了适当的激励措施，他们就可以通过调动剩余的积极性，把自己的工作业绩再提升一个档次。

疲倦的界限

人类大约只有 80% 的能量可以正常发挥。这 80% 是个人感觉“平衡”的阈值。医学教授马克斯·哈尔胡伯（Max Halhuber）说：“每个人都有个人平衡的感觉，这种平衡的状态不能被长时间打破。”人在短期内可以激发超常发挥的状态，但长期仍需要回归稳定的状态。最大能量储备的 20% 超出了自主的范围，这些能量被称为“自主保护储备”，它们只有在极端情况下（致命的危险、愤怒、恐惧）才能被激发。

疲劳感和相关的因素会“阻碍”储备能量的发挥，因此，从疲劳的状态到能量的完全发挥，仍有足够的“安全距离”。兴奋剂突破了自主保护储备的壁垒，运动员在使用了储备能量之后，才会感到疲劳。推迟疲劳极限，这会造成潜在的和急性的疲劳状态，甚至是循环衰竭和死亡。这在商界也是一样的道理。

激励就像体育运动中的兴奋剂：人们已经感觉不到疼痛了。

激励或兴奋剂可能会造成非生理上的负担，并严重危害健康。分红、绩效薪酬、表扬和奖金与之类似，虽然这些能力储备在正常情况下是用来避免疼痛的，但可以让员工超额完成他们的业绩。而激励的目标正是这些能量储备，它希望激励日常的、劳动合同之外的能力，同时也包括“兼顾家庭”的精力。

过度疲劳的风险

激励就像扎在身上的刺，让人疼痛并留下血迹。大批的经理人在“积极一点”的口号下，永远保持微笑的形象，对激励机制说“是”，尽管他们实际上想说的是“不”。在他们为重要工作忙碌的时候，他们的工作热情也像火花一样慢慢地燃烧殆尽。他们先以健康为代价，获取金钱；之后再用金钱换取健康。他们徘徊在过度疲劳的边界，这是现代经理人的综合征，是典型的自我激励和被激励的结果。

一般来说，过度疲劳不是因为工作量太大，而是来自对工作的内在态度，也就是一个人如何定义他/她的工作。一个完全认同自己工作内容的人，最多会觉得工作量大是一种“挑战”，而不是“压力”。从这个角度来看，激励正迫使工作的意义和结果在员工心目中退居次要地位，取而代之的是对奖金的追逐。“我的事情”不再重要，如何获得奖励才重要。后果就是价值感缺失，这正是压力的真正根源。可以说，**在一定程度上，员工感受到的激励越多，对工作的认同感就越少。**过度疲劳和激励之间有着一种必然的联系，无论疲劳带来的金钱有多少，疲劳仍然存在。

过度疲劳的员工数量每天都在增加，精疲力竭的员工在生存的边缘不断受到挑战，并越来越有可能在这些挑战中迷失自己。职业经理人能感受到这种效应不仅局限在企业，而且蔓延到了家里，对他的认可不再局限于作为一个人本身，而是他的能力和地位，而他的个人属性却在逐渐淡化。他们的年龄集中在45岁到50岁，经常在高压下工作，心律不齐，开始有胃溃疡、胆固醇过高甚至婚姻破裂，和孩子在一起的时间总是很短，也很少跟朋友们相聚。他们已经为家庭付出了巨大的代价，所以家庭往往是一个男人事业的避风港。正如涂鸦上讽刺的那样：“经理人的妻子是寡妇，颇具讽刺意味的是，她的丈夫还活着。”

他总是在期待被激励，同时不断抱怨工作压力太大，他为员工的积极性负责，无视身体的警告，把会议日历像奖牌一样放在胸前。最后，由于没能成功地控制住自己，他还参加了行为培训课程中最热门的“毫无顾忌地说不”。不过，他现在还是被“安排”到核心业务的外围，得到一个非常重要且宽松的职位，在那里，他不会被过度“激励”，不必再做很多“正确”的事，直到走到事业的终点——心脏病发作。

被激励的他们现在筋疲力尽，不仅要面对事业上的残局，身体也备受折磨，彻底被榨干了。

有人说，这样的结局至少对企业有好处，是这样吗？就像所有的激励机制一样，企业也要付出相应的代价。比如过度疲劳的经理人，包括那些犯了错的高管，他们制造了整天怨天尤人的圈子和消极的言论，这种氛围会影响到周围的每一个人，而他们最后也会被边缘化，做着微不足道的工作。他们高额的工资和现在的业绩不成正比，员工也不再归他们管了。尽管如此，他们的安置成本依旧很高。与其他业务领域相比，激励的代价被隐藏在一般运营成本中，而无法被叫停，激励的反作用是公开可测的，我们完全可以计算出来。

对于那些需要员工在事故多发的危险场所工作的部门，企业所付出的代价更是触目惊心。例如，在采矿过程中，绩效奖励的金额与所开采矿物的体积成正比。因此，员工只有承担较高的受伤风险，才能获得高收入。人员短缺甚至会引发事故，这也促使企业越来越重视安全问题，并组织了众多职业安全研讨会，在会上，专业的培训师试图去解决现实中不可能实现的事情。这件事情既荒谬，又昂贵。

激励现场

如果我们已习惯了对激励体系的依赖，并且内心对诱惑的需求还在不断增加，该怎么办呢？我们能灵活运用激励的方法吗？事实上，绩效薪酬、奖金和分红机制不断让员工对激励体系产生新的依赖，这种一浪接着一浪的推力几乎让员工无法自主地做出理性的选择。于是，员工成为输着激励“液体”的长期“患者”。

激励让企业变成一个“吸毒”现场，让员工兴奋的分红、绩效薪酬、奖金就是所谓的“毒品”。从这个意义上说，激励方法就是让人兴奋的“注射器”。在“奖励”方面的培训中，人为制造出来的需求只能在短期内让员工感到满足，却永远不可能达到足够的程度。奖励员工的效果像吸食毒品一样既刺激又压抑，对“享受”它的人来说，它是如此重要，以至于离开“毒品”的刺激，他就没办法活下去，结果他对“毒品”产生了依赖。一旦停止吸毒（未能达成目标时），他就会产生戒断症状、精神疾病，并会为了达到“吸毒”的目的而任意使用公款，这在企业里每天都可以看到！虽然再次“吸毒”可以让他快速消除戒断症状，但无法根治。随着“毒品”量的不断增加，效果也逐渐减小，又回到了西西弗斯的困局：为了达到之前的效果，“毒贩子”和“吸毒者”只能增加“毒品量”！

如果“吸毒者”在某些情况下不能通过正当业绩的方式获得“毒品”，他就会对自己失去信心，或者用一些不当的手段获得报酬。由于企业关于激励存在双重标准，“瘾君子”在通过不恰当方式获取“毒品”时，不但会受到外界的直接惩罚，也要承受不安、嫉妒、恐惧、身心疾病和失去自尊的煎熬。

断瘾

奖励像毒品一样让人疯狂，员工每次得到奖励，包括分红、绩效薪酬、奖金，不仅会损害身心，还会破坏自己的积极性。为了让员工保持积极性，管理者需要决定要不要持续投资新的“毒品”，并且减少员工断瘾的症状，或者决定要不要支持员工发挥自我责任感并承担相应的风险。如果管理者认为激励是出于责任，那这条路就可以被扭转。如果有人认为管理者扣留了员工的奖金和绩效薪酬，那么企业最好的员工就会离开。我建议他再核查一下这个员工的价值取向，他真的是因为没有拿到奖金而辞职的“优秀”员工吗?

经验表明，如果员工已经处于精神离职的状态，通过发钱并不能把他拉出“苦海”。当被问到不满意企业的原因时，大多数员工选择最明显也是最无须解释的原因:“如果能给我加薪,我肯定会加倍努力干活。”这再次印证了我的预言:有谁会跟奖金过不去呢?但是,面对很多员工的精神离职现象,新的激励方案也只能是饮鸩止渴罢了,这跟之前的激励并无二致。

在我看来,在取消绩效薪酬和分红的博弈中,甚至存在一种积极的选择。员工的流失问题相对容易解决,因为离开的往往是那些需要时刻被管理者推着前进的员工。他们平时看起来很忙碌,但只是表现出假装工作的样子而已。相反,让员工更满意也更长久有效的方法是,管理者和员工一起在明确的工作范围内约定彼此的职责。这根本不需要进一步的激励措施,对于员工而言,重要的是工作的结果,而不是期待工作能给自己带来多少报酬。他们努力工作,只是因为这是“他们的事”。顺便说一下,考察员工是否对工作抱有这样的态度是人员选拔过程中最重要的一环,如果企业不能及时、深入地了解他们,双方往往会付出高昂的代价。

我知道这些话听起来很像总结,也过于简化,但这难道还不够可怕吗?为了避免误解,我重申一下自己的观点,我并不抵制利润分成的方式,也不抵制基于绩效的差异化薪酬,我质疑的是“短期目标导向的薪酬”能否为企业带来回报,尤其是那些通过过度激励才能达到的绩效。如果没有额外的激励,员工就无法实现绩效，或者员工为了回报而放弃了自己平衡的状态。没有人能长期忽视身体的不平衡，能量产生和能量消耗的过程基本是对等的。长期的激励可以让人过度兴奋，他们会为了完成计划而不惜以透支身体为代价。

企业里负责薪酬的决策者也都明白这一点，他们制订了奖金发放标准，在顺利完成计划目标时，会迅速增加奖金发放的比例，而在完成计划目标的 120% 时，奖金的发放比例又会趋于平缓。这样一来，员工就会认为自己不“值得”付出更多的努力。这是企业为了防止过度发放奖金，并且在不同的市场条件下，还可以间接地防止员工产生“过度疲劳”。然而，这种治标不治本的方法并没有改变奖励的原则。

12 建议能带来金钱，金钱也能带来建议吗

“现实中我们一直是这样做的”或“其他人也是这样做的”，这些观点常常阻碍我们审视当下的自己。问题是，我们还能找到解决办法吗？因为理论和实践经常出现分歧，企业建议计划作为解决问题的模式应运而生，目的是让计划和执行这两个独立“阵营”重新进行对话。

企业建议计划可以追溯到 20 世纪 80 年代，瑞典造船厂和阿尔弗雷德·克虏伯（Alfred Krupp）最先将这一方法付诸实践。在设计建议计划体系之前，最好牢记它本是用来帮助组织解决以下问题的。

- 传统上计划和执行的分离导致效率低下。
- 员工群体中蕴藏着巨大的创造力。
- 员工不自愿向企业提供这种创造力。
- 必须建立激励机制，让员工提出改进的建议，并将实施经验反馈给规划部门。

- 必须建立一个机构，对这些建议进行评估，并根据其优化效果给予奖励。

由上至下

制作企业建议计划的另一个意图是厘清所有员工内在动机的差距。对于管理者而言，不断改进产品、流程和工作方法是其分内之事，而那些尚未觉悟的人则处于等级制度的最底层，他们不愿意或根本没有改进的积极性。但我们必须让他们站起来，帮助他们前进，并且加快速度。

但是，这些动作背后代表的是蔑视。员工实际上并不期望被收买，这对他们而言是一种有辱人格的做法。

正是由于旧官僚主义制度里上下级的关系构成了企业建议计划的核心，所以尽管很多环节已经变样，这个计划仍然顽固地存在。最主要的是有一个“程序”计算建议计划的价值，同时省去了真正促进创造力的人际互动。反人文主义控制的典范是有建议很好，但是要适度、结构化，并且有序地提出。那是让员工负责，进行伙伴式的领导力的对话，还是在学习型组织内共同发展？不，我们的做法完全不同。我们对员工进行表扬、分发金钱或赠送礼物，不得不做出很多改变来维持已有的绩效水平。

提出建议

在进行深入探讨之前，提前了解提出建议的两个发展阶段是有帮助的：

- 有建议；
- 提出建议。

第一个阶段是员工有建议。有谁会相信激励性的“奖金”能让人变得有创造力？无论我们对创造力的来源了解多少，它都永远不可能源自外部因素。**胡萝卜加大棒的方法最多可以让人在短期内工作更快更认真，但绝不会让人有创造力。**创造力总是和内在的动机相关，它来源于好奇心和做某件事的乐趣。

以工作任务为导向的注意力不能通过来源于外部且不相关的奖励来加强，它不能使员工产生创造力并提出建议。不可否认金钱能引起员工一定的注意，但实际上金钱给员工带来的兴趣对创造力没有任何帮助。**创造力既不能被命令，也不能被购买。相反，奖励摧毁了创造力。**

> 奖励摧毁了创造力。

已经有几十项科学研究明确证明，奖励容易让人喜欢简单、快速解决和量化的任务。于是，人们越来越不愿意承担风险，不愿意尝试新的可能性，因为那需要经历复杂和漫长的探索过程。康奈尔大学的约翰·康德里（John Condry）认为奖励是好奇心的敌人。因此，建议能带来金钱，但是金钱不能带来建议。

第二个阶段是，员工在什么情况下会提出建议？乍一看，奖励还可以起一定作用，欢呼声此起彼伏："自从我们有了建议计划，提交的建议数量增加了两倍。"

我认为大部分数字都是虚构的。在"来自实践"的成功案例中，目标和现实常常毫无节制地混合在一起，特别是对生产力收益的计算纯粹是一种幻想。

此外，我无法表达对这种"成功"报告的欣喜之情，难道没有人把欢呼声卡在喉咙里吗？难道人们都被蒙蔽了，以至于看不到这一"成功"的奇怪之处？对于企业文化而言，灾难性的反馈不胜枚举，这些反馈涉及领导力、消极的工作条件、上下级之间的交流。这种成功宣告了企业文化的失败！

企业里既然已经有了企业建议计划，是否可以取消相应的奖励呢？如果取消，结果就是建议的数量会下降 40%！同样，员工满意度调查的结果也好不到哪去！建议数量的下降揭示了真正的问题：员工的忠诚度如何？他们对工作的投入和对企业的认同、他们的自我认知怎么样？是什么阻止了他们的创造力？企业的沟通文化究竟是什么样的？

企业建议计划虽然通过奖励调动了员工的积极性，却在很大程度上忽略了日常工作中能让员工产生创意的基本条件。**建议计划治标不治本，阻碍了员工的创新和积极性，就像过时的维修工具和僵化的制度，口号不对，听起来很响亮，但结果是错的。**

就像企业里经常发生的一样，好的出发点不一定代表好的结果，如果背后的逻辑是错的，就会错失目标，造成反向的效果。而那些善意的企业家经常被业务方面的喧嚣或习惯所蒙蔽，从来没有看到企业建议计划如何打消了员工自我发展的积极性。让我们看看常见的一些后果。

奖励上瘾

我们从行为学的研究中得知，提高刺激水平（来自“外在”的激励），会导致自我驱动（“内在”的动机）减少，经过长期训练，如果外在的因素没有足够的吸引力，人们就不会付出任何额外的努力。

因此，人们把对事物的兴趣转移到了对奖励的关注，随之而来的“创造力”也是对建议计划体系的利用。一家化学企业技术部的负责人跟我讲过，他们的员工在开会的时候听到某位工程师的想法后，找借口中断会议，跑回办公室把这一想法作为自己的建议发布在内网上。这种做法既不符合团队精神，也破坏了协作的可能。

一本关于企业建议计划的小册子上写道：“每一条建议都代表员工对企业的关注。”不！ 他只是表达了对奖金的兴趣而已。他说：“我想要钱！”但是，长期效应就是如果没有额外的奖励，建议计划中的办法是完全行不通的。

在吉尼斯纪录中，记载了一位英国人约翰·德雷顿（John Drayton）在英国铁路工作期间提出了 31400 项改进措施，其中约 100 项得以实现。从中不难看到，推动工作中富有创造性的计划被一些人别有用心地利用，让企业付出了巨大的成本，德雷顿先生可能忽视了他的本职工作，反而一直在寻找各种机会获得额外的奖励。把提出建议的数量作为衡量建议计划是否成功的标准，无疑会导致过度的激励。在记录新建议的时候，管理者可以计算一下，处理建议的成本会不会高于改进效率的成本。

下文介绍有关建议的行动主义。所有经验都表明，奖励制度会让员工的精力和注意力从工作转移到奖励上。经验丰富的管理者介绍，有相当多的员工用 20% ~ 30% 的工作时间来尝试发现新的建议，对一些企业而言，被动地支付建议奖金是很常见的做法。员工在等到奖金激励策略发布的时候，从抽屉里拿出曾经搁置的任务，通过提出建议兑换金钱，与此同时，许多管理者也喜欢扮演糖果叔叔的角色，试图达到精益求精的幻象。

由此可见，企业建议计划不仅未能达成目标，反而适得其反。

追随者文化

事实上，生产人员可以等计划人员出错后，通过建议计划改善生产规划，如果直接提出意见，就等于错失了奖励。尤其对于批量生产产品的公司，从传统来看，计划和执行层面的差距很大，企业建议计划往往成为失望者宣泄自己情绪的一个出口。当库存过剩的时候，计划人员的名字就会出现在建议计划的目录上。结果，计划人员越来越多地推卸责任，以此保护自己免受任何情况的影响，他们不想因某些事而陷入困境。

一家企业在关于企业建议计划的描述中写道："公司鼓励员工和上级一起讨论改进的建议。"这个问题更多地和个人经验相关，有人会问："如果总部经常让员工干涉上级的事务，能行得通吗？"还有人说道："具体到某件事的时候，每个管理者都会觉得自己被员工顶撞了。"事实上，每个建议都是一种变相的打击。特别是当员工试图利用企业建议计划这个工具超越管理者，表现出"我比你强"的状态的时候。特别是在传统领域，管理者往往也是专业领域的专家，在这种情况下，员工的建议就有了不尊重管理者的意味。管理者会觉得自己被下属攻击了，他认为员工至少应该先跟自己谈谈。除此之外，大量的建议可能会让别人以为这个部门出了问题！虽然企业建议计划的负责部门是中立的，但部门主管早晚会了解到员工提出的建议。

评估员能起到什么作用呢？根据规则，他首先要保证在评估过程中保持中立和独立，以及与提议者和接受者之间的最佳距离。在具体情况下，一些建议可能会使评估员处于两难的境地：接受建议会存在贬低管理者价值的风险；如果管理者拒绝员工的建议，则会贬低员工的价值。最重要的是，他要评估哪些是员工分内的工作，因为只有超出这个边界，管理者才有理由给员工支付奖金。

这再次验证了上下级之间的沟通方式，其并没有注重建议本身的价值，以及如何进一步改进工作，这就使得想要通过企业建议计划来解决企业结构层面上管理层和个人之间的矛盾是不现实的。

除此之外，还有一种组织上的心理困境，一方面，企业将员工的主动性限制在职责范围内；另一方面，又提示他："超过这个边界，你就会得到奖励！"这种双重束缚，让员工陷入两难的境地：员工在职责范围内提出的建议被管理者视为员工分内之事，不该得到奖励；超出职责范围（因为这是奖励的前提条件之一），在团队、合作伙伴或管理者的职责范围内提出建议，得到奖励，却会让其他人成为“失败者”。这相当于对他人说：“嗯，你还不够好，我的同事！”

企业建议计划是一种企业内部既合理又可以获得奖励的“告发”机制。

怨恨等负面的情绪会渗透在企业的文化中，这可能确实提升了员工对企业的责任感，但却加强了部门之间的隔阂。因为每个同事都可能被企业建议计划影响，特别是当某些建议让人无言以对的时候，相关人员很可能会伺机报复。与此同时，对于企业再新提出的文化口号如“我们在一起”“同事关系和谐”和“互相帮助”，大家只会不屑一顾地笑一笑。无论如何定义“灵活”的组织、“无边界”的企业和“网络思维”，建设性的、有弹性的、信任的合作关系永远不可能以这种方式出现。

提到合作，一些有经验的人谈到了常用的技巧，用来规避企业建议计划推动的内部竞争，比如，不同的部门可以通过交换建议来利用这一体系，大家相互提出建议。这不仅满足了先决条件，还得到了奖金，一切都很合理，许多“演员”和“骗子”找到了这条“捷径”。尽管企业一再强调奖励的目的，但某些形式的合作依然可以“利用”这一体系。

无法解决的公正性

对于企业建议计划的贯彻机制——记录—提交—检查—评估—选择—计划—汇报—启动—实施—评价，策划者和实干者都在抱怨这冗长的程序。如果建议被拒绝，会发生什么事呢？在一些企业里，一些无稽之谈甚至会被进行进一步的“验证”，也就是让第三方机构重新审查。

在日本的管理理念中，任何一条建议都不会因为微不足道而被忽视。德国的管理理念恰恰相反，对有奖金回报的建议往往要求很高，这一般会导致两种情况，一种是员工担心被拒绝而没有建议，另一种是很多的建议被拒绝了。如果建议被拒绝了，会发生什么事呢？

无论某条建议多么合理，如果评估员 / 监督员认为其微不足道，他就会因此而拒绝：“我们早就知道了……”“我真的要评估吗？”“为什么要为这种芝麻小事费尽心思？”无论员工是否会质疑评估的合理性。但事实往往就是这样，对一个人来说似乎很重要的东西，对另一个人来说可能并不重要。当建议是关于提高效率，而不是让工作更容易的时候，员工得到奖励和实施建议的阻力就会特别大。无论评估员的意见如何，员工总认为如果建议被拒绝，就有失公正。尤其是那些在公众场合提出的建议，如果有人觉得自己受到了不公正的待遇，他一定会把“对方”置于不利的地位，并伺机寻求报复，这种报复还会与日俱增。

表面上看起来公正的奖励机制，常常会让人失望。在一些企业，即使是系统化的建议计划，也无法解决公正性的问题，反而会为了得不偿失的胜利而付出高昂的代价。

处理建议的程序烦琐而耗时，主要原因就在于奖金。因为在认定和评估的过程中，试图通过量化的方法让奖金看起来更公正，最终只能是一场徒劳。

没人在制造“毒品”

我们可以扪心自问：企业建议计划有必要存在吗？任何一个头脑清醒的人都会同意，这个表面上有修复功能的体系没什么价值。

所以，让我们废除企业建议计划吧！我们至少可以创造一些条件，让这个附带危机和不信任的体系消失殆尽。这是一个降低成本的机会，能够拯救以往为了改进管理缺陷而进行的错误投资，消除对参与真正创造造成的阻碍。我们不要以为企业建议计划可以坚持下去，就像骨折以后用夹板固定一样，它只能在有限的时间内起作用。

我们应该停止让高成本的诱导策略造成一种养尊处优的企业文化。如果没有奖励，也许有些建议将永远不会出现，至少目前不会。但它真的值得付出如此巨大的代价，尤其是附带着灾难性的副作用吗？企业建议计划之所以还继续存在，是因为一些企业吹嘘建议数量的暴涨（它们认为这是一种积极的信号），甚至精心量化了节约的成本，却忽视了后续影响和副作用。如果建议真的和预测的一样减少 40%，也不可惜，因为它们可能只有娱乐价值。

但如何处理那些真正有助于企业节约成本的建议呢？这就是根本问题所在。在我看来，通过企业建议计划挖掘员工的创造力是一种错误的方式。这和企业建议计划的老套思想有关，认为该计划只针对来自少数员工的非常规建议，而不是各种呼声和道德绑架之下昧着良心的做法，这种早期的工业思维早就过时了。

让我们再思考一下最初的问题：希望有创造力的员工一直将解决问题作为自己职责的一部分。我们的初衷是将创造力和不断改进的机制融入日常的管理流程中，与之相应的框架条件如下所述。

- 不是例外，而是规则。
- 不是出于道德，而是理所应当。

- 不是针对少数人，而是所有人。重点是每个人必须亲力亲为！

企业建议计划将共同学习的管理任务转移给了激励，管理者就不用再积极地承担责任了。

让我们以职业安全为例，因为通常建议的主题中有三分之一与这个话题相关。将巨额的奖励和相关建议联系在一起是不现实的。因为管理层必须在职业安全方面发挥积极的作用，制定明确的期望和目标，改进和创造力必须成为管理者日常工作中必不可少的一部分，因此必须和绩效测评联系起来。

传统管理方法中的认真对待并落实各项工作这一条依旧可以发挥作用，而且能比激励为企业节省更多的成本。**重要的是，所有员工都可以并且应该参与，无论他们独立工作还是和团队一起；重要的不仅是提出建议，更是系统地优化；要奖励的不是偶尔闪现的灵感，而是日常流程优化过程中的协作、无等级和对话式的工作方式，是所有参与者之间不断交流经验的过程。**

奥特克公司前董事长吉多·桑德勒（Guido Sandler）认为："如果员工能和管理者开放地沟通，并在团队中互相提升，那我们可能完全不需要企业建议计划。"归根结底，企业需要解决问题的创造力，找到改进的关键方法。所有人都应该不断地在平等地位下优化工作流程，而不是由某个人独断专行地提出特别且高成本的密集型优化建议。

对创造力的投资

所有人都知道：如果我们很有创新精神，就可以忽略辅助的奖励成本和审批程序。如果一家企业想在德国这样一个经济发达的国家长期经营，就只能通过技术创新和快速落实来实现。那么，企业建议计划是否合适呢？

当然不合适，企业建议计划会阻碍创造力的发挥。作为早期工业企业的管理方法之一，它试图用奖励的手段弥补员工责任心的不足，却忽略了员工的绩效。**创造力是无法被金钱驱动的，创造力来自学习的乐趣，只有在真诚、彼此信任的文化中，员工的创造力才会蓬勃发展。**对管理层而言，不能再为自己找借口了，在这种情况下，创造力不会得到发展。

以下是两种不同的管理方法的对比，我们可以从中获得一些启发。

企业建议计划 不信任：员工有意识地保留创造力	创造力管理 信任：员工希望有创造力
• 提出建议是别人的职责 • 改进是特殊事项 • 道德说教式地号召 • 参与者很少 • 关注特定的问题 • 建议通常来自个人 • 绕开管理者 • 奖励 • 提出建议而不是落实建议	• 提出建议是自己的职责 • 改进是常规操作 • 理所应当的做法 • 全员参与 • 关注以客户为导向的流程 • 进行团体的改进（合作） • 管理者共同参与 • 没有奖励 • 落实建议而不是仅提出建议
• 唯上或唯权论 • 管理者授权某个部门评估员工的建议	• 言论自由且实际 • 创新和创造力是管理者的职责

企业的管理层应该鼓励员工进行创造，而不是去怀疑他们工作的积极性。对我来说，直接深入地激发创造力及其相关条件更有价值，比如创造力研讨会也可以作为“学习型组织”的一种机制。学习型组织和企业建议计划“水火不容”。

比较具有创新精神的公司之一——3M 公司就取消了企业建议计划。在 21 世纪，对于越来越需要创新的企业，“奖励”创造力是不合时宜的。

关于企业建议计划，我们首先要摒弃传统的认知，理解之前错误的坚持，并完全了解企业的需求。

13 被动的管理理念

掌控激励体系是经理人的职责。

一本关于员工激励的书中写道："员工的积极性是成功的关键！"我很赞同，但书中还有另外一句话："这本书的任务，就是通过具体的方法和案例，让企业家、经理、部门主管和自由职业者掌握有效激励员工的秘诀，并且保持人性化的方法。"如果我们认真想一想，一定能感受到非人性化和员工激励之间的紧张关系。

在激励员工时，保持人性化看起来是个问题。瑞士的《IO管理》杂志建议："你可以把薪酬体系发展成一个高效的管理工具！通过薪酬体系挖掘员工潜在的动力。"这就是管理者从"自我调节"的激励体系中获得的"好处"，因为除了成本的自动调节和随之而来的正义感（迷之自信），正式的组织激励体系还有第三个优势：管理者可以保持被动管理。他们可以从承担员工业绩不佳的任务中解脱出来，因为这种任务永远费力又不讨好。与其清楚地说“我对你的表现不满意”，不如设置一套复杂的激励机制来缩小上下级之间观察到的所谓的“动机差距”。**“奖金”激励作为一种避免冲突的方法和不作为的管理理念，完全偏离了积极思考和无冲突领导力的理念。**

从这个角度来看，**激励作为一种辅助性工具，已经成为被动管理的托词。**对激励技巧的需求，取代了对开放式沟通和解决冲突的能力（自我修正能力）的需求。

一方面，回避是管理层喜欢采取的行为，他们希望避免关注个人或深入维护人际关系。另一方面，回避也意味着逃避问题，不想处理或根本不敢解决问题，但解决问题的能力也意味着领导力。呼吁采用激励体系的很多管理层试图逃避他们的职责，企业付钱给他们解决问题，他们却将自己的任务“委托”给了激励体系，因为这个体系的优势是存在自有的管理机制，这在软弱的管理层身上体现得更为明显。

激励体系是“避风港”

前文已经提到了激励体系的这个优势：它在不需要任何个人干预的情况下进行惩罚和奖励。另一个优势是管理者本身就是员工积极性不高的原因。管理者用激励体系让自己远离员工和管理任务这个是非之地。这样一来，他们看起来就不会出错，因为他们从不负责，出现问题之后，也可归咎于激励制度没有得到适当的调整。

任何人都看不到其中的风险，管理者的领导行为、冷漠和情感匮乏被掩盖起来。简言之，出现问题之后，我们往往会原谅管理者，并指责激励体系。

因为我们没有发现根本的原因，也就不需要采取额外的行动，治标不治本的现象仍在持续，“管理方式”依旧在消耗企业的成本。管理者觉得对员工的个性和积极性长期的关注太耗费时间和精力，他们认为金钱可以统治世界！直截了当地说，他们依靠的是对员工弹性收入的“设计”和对不信任的惩罚来进行管理，而不是认真研究问题。在管理者精心的布置下，管理问题似乎已经得到了解决，员工工作动力的差距不再是问题，由于错误的领导而导致的积极性下降仿佛已经被克服。

看起来，激励体系弥补了导致消极和退缩行为的原因。不仅如此，激励体系甚至会取代管理层，它使一切问题变得简单，因为它不需要对积极地领导别人负责。

我们在前文就论述过，管理者的职责不应该包括员工激励。这样一来，他们就会过度负责，也就是说，如果他们为员工的动机负责，他们就会不自觉地利用激励体系来减轻自己费时费力的管理负担。而且他们不用承担任何责任，尤其是激励体系带来的后果，就像已经证明过的，激励的副作用和长期效应体现在员工的无力感和对事情不认真的态度上。诉诸自我调节的激励体系由此变成了管理者的“避风港”。

上述“魔咒”也体现在被动和回避上，管理者会说“我无法管理”，员工会说“你不是一个可以被认真对待和认可的伙伴”。此外，企业还会出现其他一些具体问题。我们经常看到，在遇到具体问题时，管理层是如何顾左右而言他的。比如，当员工绩效下降的时候，他们就会讨论金钱能否起到激励作用，或者讨论是否应该以员工业绩为导向进行激励…… 而真实的情况却是管理层忽略了解决问题的方法。

影响绩效的逻辑

有人认为产品组合营销必须由奖金来控制。我在前文评论过这种观点的后果。我感兴趣的是将可变收入的一部分从目标工资中分离出来，作为与绩效相关的收入，核心问题是先实现目标再兑现奖金的逻辑最终会影响绩效。假设一个主管的可变收入与某个项目的实施挂钩，他的上级含蓄地对他说：“如果你能完成这个项目，那你就会得到这部分奖金。”上级的潜台词是不太相信员工能完成这个项目。在这里，我真正想表达的是，这个员工的上级认为员工应该先实现目标，再兑现企业的奖励。员工刚刚认可项目的目标，上级就将他对员工实现目标的怀疑用这种不受欢迎的方式表现出来。

高管的任务是按照目标及其实现情况领导团队，他们制订计划，并要求员工遵守计划，但是需要先实现再兑现，这里有一个“但是”。**一个不被认真对待的计划，不是真正的计划。**

上述分析暴露了影响绩效的核心问题。这种机制显然不是以目标为导向的管理，而是简单地靠预防、威胁员工来满足管理者毫无根据的自以为是的心理。这些措施并不能让企业更接近目标。但是，管理者往往对自己的设计感到满意，并为之着迷。除此之外，他们也能接受员工未能完成目标的事实。与预防和威胁相比，完成目标并没有那么重要。

换一种说法，经理需要领导他的管理小组，部门总监需要领导他的部门，而不承担责任也不履行义务对于这些管理者来说意味着什么呢？如果针对激励体系对弱势管理者的辅助和支持加以分析就会知道，他们将员工管理托付给这个自我调节的激励体系，这也意味着他们放弃了自己的领导职责。他们不再是管理者，而是企业的动机统计员。如果企业暂时取得相对的成功，则会让人看不到他疏于管理的影响。**总之，每一个外在的激励都会破坏内在的动机。**

激励体系自我调节的制度化会导致管理者的懈怠，管理者和

员工的亲密关系被有距离感的系统取代了。激励体系让员工变得被动，且一切行为都是向钱看，这让管理层逃避了进行开放式沟通和对领导力的提升。管理者的任务变成了观察和鼓励员工的某些行为。

管理者不积极工作，员工也经常因为不想承担责任而牢骚满腹，比如认为产品不好，与市场部的合作不成功，企业配车制度不合理，信息太少，发展空间有限，工资太少，加班太多，等等。等级制度让每个人都成为失败者，几乎没有个人成长可言。除此之外，大部分管理者都没有能力正确地激励下属。事实上，许多员工期望得到企业的正向激励。不用负责当然很舒服，员工不觉得自己应该对自己负责，而是将责任推卸给上级、内部环境或其他原因，极少对工作本身展现出积极性，反而对抱怨和推卸责任乐此不疲。员工的自我伤害在于抱怨和消极，不做任何有建设性的工作，这也让他们疲惫不堪，同时伤害了他们的自我价值。这种心理状态几乎无法被员工自己察觉，因此持续的时间也更长。

逃兵

自我调节的激励体系让管理者摆脱他们应该担负的职责，转而求助于激励的机器，最终目的就是他们不用积极地承担责任。

这并不奇怪，因为大多数高管是在激励体系的鼓励下通过升职和加薪来管理员工。他们很少想要真正地激励员工，也不喜欢与人打交道。对他们来说，拥有管理员工的权利，以及能不受干扰地解决现实问题，就足够了。于是，企业在任命高管时常常会出现两个问题：少了一个优秀的工作者，多了一个差劲的高管。在观察高管愿意在领导而不是管理的岗位上实际投入多少时间的过程中，我一次又一次地发现，他们虽然拿了高管的工资，但没有承担相应的职责，甚至暗自庆幸体现自己领导力的职责很大一部分被激励的自我调节体系分担了。

只要我们继续让“领导力”通过激励成为有吸引力的管理手段，只要他们还能通过这个机制在被动管理中获益，我就对领导力的变革不抱希望，因为这些高管不会舍弃他们创造的激励机制。我更关注在高管身上消失的领导力，希望能让他们走出自己造成的无力状态，并重新建立领导力，更希望他们乐于与人打交道，并享受工作的乐趣。如何实现这一点呢？积极的方法是什么？后文有关“领导力”的内容中会有更多的介绍，请想获得答案的人耐心把这一部分的内容读完。

14 贬值

贬值意味着预期的效果被损耗了。

现在，我来谈谈自己反对在企业中进行激励性管理的原因。对于这一点，为了提高关注度，我想用讽刺的方法给管理者们敲响警钟。在前文中，我已经阐述了通过诱惑的方式让员工适应激励的短期“成功”，也指出了这种“成功”的长期效果和副作用。我把激励型高管比作商人，他只沉迷于销售曲线的增长（员工业绩的增长），而不关注成本的提高。主要原因是有些费用只有在很长时间内才能被发现，即使发现了，我们也很难追溯它们产生的原因。

在和管理层的讨论中，我经常听到类似的疑惑，因为无法测量可变薪酬，所以它无法影响员工的行为。我对这个问题的回答是，管理层应该考虑一个因素是否重要，而不是考虑它能不能被测量，即使不得不放弃数量上的评估，也要明确这个因素的重要性。不能仅仅因为无法测量，就忽视某些重要的因素。忽视这一点的高管就像一个在晚上丢了钥匙的人，在路灯下寻找钥匙，一个路人主动帮忙寻找，并问道："钥匙掉在哪里了？"他回答："钥匙在那边，但是那边没有光。"

我现在要谈谈激励带来的具有隐蔽性的长期后果、副作用及对企业文化的影响，在激励的误导下，企业文化必然是一种贬值的文化。这里主要关注的是那些缺乏动机的失败避免者，如果遵循"吃大锅饭"的原则，他们迟早会成为激励的产物。接下来，我将用心理学的方法加以证明。

对刺激做出反应的机器

正如之前讨论的，许多高管认为只要找到一套非常复杂的方法，就可以让员工做他们不自愿去做的事。他们希望员工不仅要做事，还要积极地做事，表现出喜欢工作的感觉。认为员工不愿意工作，并且想从企业骗取部分约定的利益，这种假设本身就是一种贬值。如果激励理论认为人的需求可以按等级划分，并可以有针对性地满足需求，那么对人类需求的理解就不需要有任何怀疑。他们认为员工是时钟，需要给他们上发条，才能让他们运转。

但这还不是全部：机械主义思维将人视为纯粹的对刺激做出反应的机器，可与巴甫洛夫的狗相媲美，它们一听到铃声就会流口水。哲学家勒内·笛卡儿（René Descartes，1596—1650）认为这些自动的条件反射是没有意义的，只是解释了“如何”运作的问题（典型的管理问题），但没有解释“为什么”。身体不可能有任何内在的思考。这些动物或机器的目的很纯粹，就是生存，因此“输入”决定了“输出”。刺激产生反应，再刺激，再反应，就这样一直重复下去。

激励体系的设置就是基于这些熟知的思维模式，系统理论家海因茨·冯·福斯特（Heinz von Foerster）将其称为“简易的机器”：如果我按下这边的按钮，那边的灯就会亮起；如果不亮，就需要按照标准排查故障。所以，一切都很简单。这简直是胡说八道！如果真是这样，人类的自由意志体现在哪里？人类怎么会是高度复杂、努力追求生命意义的群体？

激励从物质的仓库中获取诱饵，金钱、汽车及其他可见的利益都算在其中，过去完全是这样，今天仍然有很多企业在按照这个方法鼓励员工。正如胡安·安东尼奥·佩雷斯·洛佩斯（Juan Antonio Perez Lopez）所说，物质属于人类行为的外在条件。然而，人的感受、意志和行为在很大程度上是由价值观、思想和道德等内在条件决定的。外部激励忽略了这些，将人类的全部意义降低到表面上适用于所有人的范畴——物质，并为此付出了高昂的代价。

激励贬低了员工的价值。这种隐蔽的贬值并不是无迹可循，你可以试着问问高管们愿不愿意让别人用某种方法激励他们。这其间又幻化出了很多理想主义、形而上学的道德（灵性）、自我实现的理论！他们不希望被激励，而是希望自己积极向上，充满动力。但是，这并不适用于大多数员工，他们需要……

他们认为，只要悬挂在员工面前的香肠足够美味，悬挂在驴子面前的胡萝卜看起来足够多汁，之前迟钝拖沓的员工就会将业绩飙升到想不到的高度。一家以进取形象和驾驶乐趣闻名于世的德国汽车公司，在某段时间的折页广告这样写道："最新形式的晋升——激励性租赁……你的员工可以将公司配车用于商务活动和个人出行。如果用物质激励和大幅涨薪进行比较，在公司成本不变的情况下，员工的税后所得是不一样的。……这种晋升让员工对公司更有归属感和认同感，并且可以毫无疑问地释放员工额外的能量。因此，这种方式称为'激励性租赁'。"这家公司提出了一个新奇的对比方案，每月给员工增加 335 欧元税前工资的"激励效果"为 44%，而给其一辆中上等公司配车的租赁权的"激励效果"是 76%。与此同时，公司配车在中小型公司里已经成为必要的激励措施。冒昧地说，如果这种方法能被认同，那么很多人真的是上当了。

补偿

对于那些精神离职的人来说，问题就更明显了。几乎没有人认真研究过他们精神离职的原因，也没有人问过他们为什么还在坚持并认真地尝试补救。尤其是对于失败避免者来说，如果把他们的挫败感只归咎于他们缺少积极性，而忽略了产生消极情绪的根本原因，是不现实的。管理者可以和员工愉快地交谈，不容忽视的动机差距很少是因为员工的恶意或“天生”的懒惰而产生的。如果员工没有达到业绩预期，那就需要检查预期是否合理：在招聘过程中是否向求职者提出了企业对他的期望；员工的挑战欲不足 / 过度；他在不适合的岗位上从事自己并不喜欢的工作，等等。激励并不能提高这些人的积极性，只能给他们带来更深的挫败感，治标不治本。**如果不认真分析员工士气低落的原因，只是用惩罚和威胁来弥补动机的不足，没把员工当回事，只能让员工更消极。**

很少有人意识到，这是一种贬低他人的做法。我们身上有一个非常敏感的“感知系统”，它记录了所有这些小的贬低（轻蔑）事项、不准确的判断和不认真的态度，这个感知系统称为自尊，后面我还会谈这个问题。它还能发现心理学上所说的“隐藏交易”，也就是“明显”信息的周边信息。它细致地记录了别人是否真的尊重我们；是认真对待我们，还是想引诱、蒙骗我们。

最重要的是我们能感觉到这些，虽然不是总能清晰地意识到，但在内心深处知道这一切。我们知道自己收集和存储的不愉快的感觉，而这些感觉就像被打折券粘在身上一样让人难受。

潜意识里的自我也会采取行动，比如用隐蔽或公开的方式予以报复和自我补偿。无论使用什么手段，我们都会自我补偿，并让操纵者付出代价。在自相矛盾的模式下，激励者成了被激励者的牺牲品：他们要为损伤别人的尊严付出代价。心理学上将这种反应称为补偿。

补偿的手段很巧妙，比如拒绝合作，虚假报销出差费用，私自挪用办公用品或其他物品，经常请病假，通过抱怨圈子来消磨时间，将精力转移到其他领域的活动上，处于精神离职的状态，等等。这些补偿很难和前面提到的贬低员工价值的行为形成直接的因果关系，但根据我们的了解，这是自尊心受到威胁时的“合理”反应。

被“揭发”的激励

如果激励的方式不够公正、坦诚，反而被员工看穿，后果就更严重了。这时，员工受伤害的自尊心会做出完全正常的反应，形成公开或隐蔽的防御。

克里斯蒂安·巴杜拉（Christian Badura）给我举了一个每个

妈妈都会遇到的例子。她的儿子只有在被要求的情况下，才会丢垃圾，而她希望儿子能够主动地去做。为了实现这个目标，她用尽了各种办法。当她一次次地失败后，她开始阅读相关的育儿图书、向专家咨询，并一次又一次地尝试新的方法，但她的目标依旧像白日梦一样无法实现。她让儿子丢垃圾的时候，儿子虽然会照做，但很不情愿。她的招数越多，儿子的抵抗力就越强。

“丢垃圾问题”给众多顾问、教育学家、心理学家、社会学家创造了工作机会。新的理论、解释及重要的补救措施（“激励的十大黄金法则”）应运而生，但都无法奏效：越用力，就越适得其反，压力总是产生反作用力。**我们不难观察到，员工经常不信任并且抵制管理者从研讨会上学到的那些新方法。这种反应很正常，谁会喜欢成为新激励方法的玩物呢？**

想象一下下面的场景：星期一一大早，你的领导带着最和蔼的微笑，把一堆工作放在你的办公桌上，并说“你是唯一能在周末之前完成这些工作的人，而且你上星期就做得特别好……”。听起来很不错，虽然你知道自己很难在星期五之前完成工作，但你还是同意了，尽管你并不想这样做，但谁能拒绝这样的善意呢？到星期三的时候，你开始生领导的气了，而不是恨自己不能完成任务；到了星期四，你想给领导打电话，但想想还是算了，要遵守诺言；星期五下午，你面无表情地把完成的工作扔在领导秘书的桌子上，而领导已经开始准备享受周末的愉快生活了。与此同时，你也明白这种事情再也不会发生在自己身上！

从此以后，你会拒绝别人的要求，不再抱有合作意愿，让自己走进防御状态，遇到事情直接说“我不能”，而不会说“我不想”。你对管理者阴险的激励手段产生了深深的怀疑。你已经明白，无论在什么情况下，他都会利用学到的新技巧，将上下级的矛盾转移到对他有利的方向去。

一个优秀的员工只能被别人利用一次。员工一旦感觉到自己被人利用，就不会再跟对方合作。被揭发的激励技巧打击了员工的积极性，他们不再相信上下级之间的合作和对话，管理者的欺骗性策略也会被公之于众。

诱导会影响诚信，并且会导致员工内心的抗拒，诱导的表现形式就是所谓具有破坏性效应的“领导技巧”。这些技巧和噱头可以点燃员工心中昙花一现的火花，但很快就无法继续激励他们实现业绩增长，没有人会意识到问题出在管理者对员工的操纵和不认真对待员工的管理方法上。

早期辨识

通常情况下，隐性贬值在管理者招聘人员的时候就已经开始了，最重要的是导致这个结果的元凶就是管理。企业希望能与最优秀的人才签署合同，同时对他们提出很高的期望，它们的招聘广告上常常写着代表着高要求的词汇，比如年轻、高素质、自信、负责、有团队精神等，并要求候选人有领导力，让人感觉这份工作很有挑战。在严格的选拔过程中，这种期待被进一步加强，在面试中，候选人期望的工作和真正关注的问题也都被忽视了。

之后，新员工常常发现自己做的大多是重复性的工作，只有很少一些工作才有挑战性和创造性。比如，销售人员发现了他以前不了解的产品问题；由于销售的“不可预见性”，预算也并不像之前管理者承诺的那么多；营销人员也只需要把宣传广告原封不动地翻译过来。

因此，员工有必要对企业进行早期辨识。很多新加入的员工认为管理者是骗子，自己是受骗者。从此以后，这就成为他损害企业利益的理由。如果他欺骗了管理者并且被发现，他就会受到伤害，而他又会利用这一点对企业采取进一步的行动。互不信任的恶性循环，只能让一切变得更糟。

实践中，完全可以换一种方法。美国一家保险公司的实践证明，真实的招聘广告可以对新员工融入企业发挥有利的作用，其中主要有以下三种效果。

（1）能让申请者更好地做出选择。

（2）申请人形成“内在抵抗力”，可以缓冲其工作中产生的负面效应。

（3）了解负面情况却依然申请工作的人，与只关注正面情况的申请者相比，因为“被认真对待”，从而会与企业形成更紧密的联系，并会更有决心。

年终总结会

为了说明隐性贬值对员工的影响，我选择用销售公司最有代表性的场景——年终总结会来加以说明。

德国3M公司的一位经理给我讲过一个让人难以置信的真实故事：“我住在慕尼黑的一家酒店，晚上去酒吧喝酒。酒吧里有德国一家大型保险公司的一群员工，他们可能正在举办年终总结会。过了一会儿，一位头发灰白的先生引起了我的注意，他和一个同伴一起兴致盎然地朝酒吧的另一边走去。当他们走近我的时候，我听到他们沟通的片段，涉及销售预期、年度业绩及光辉的前景。就在我逐渐听明白的时候，他把目光投向我，满脸喜悦地走过来，抓住我的手，赞赏地拍了拍我的肩膀，带着笑容说：‘我也想祝贺你取得相当出色的年度业绩，我特别了解你们区域的困难，你们的成绩更值得赞扬，感谢你的付出和成就！’”

感谢的狂欢

有没有人想过，年终总结会上管理者对你的感谢并不是十分认真？是的，这些感谢甚至引起了员工的怀疑，管理者完全有理由感谢员工，因为他从员工们超出劳动合同的表现中受益。而员工却被轻易地敷衍，他们难道不需要“感谢”奖金吗？

为避免被误解，我再次强调自己反对的是没有人情味的、安抚性的感谢，旨在操纵、虚假的感谢，仅仅在形式上做文章的感谢，敷衍式的感谢——不愿意分享共同努力所取得的业绩（即使是明确的“公平交换”），并隐瞒这一事实（有其后果）。如果工作做得好，那就是一起做得好，如果非要区分感谢者和被感谢者，就不是真的感谢。我绝不反对感谢个人，因为个人的业绩同样值得被感谢，但这不是年终总结会的主题。

在听到激励的言论后，大多数员工往往微笑一下，却不予置评。经历过各种激励风暴的销售人员，心有灵犀地接受着“传教士”的布道——你们是最棒的。实际上，他们几乎不在意那些“以价值为导向的管理者”的大放厥词。此刻，他们心里想的是，“这里唯一能激励我的就是酒吧里的金发女郎。”

在糟糕的情况下，类似的花言巧语很快就会产生负面的效果，让人怀疑这些说辞是在粉饰自我，还是为了掩盖不实之举？

通过语言的修辞进行激励是一种谬误。员工很快就能感觉到这种艺术性的修辞是否可信、有没有底线，相关的实质和有效性是什么。我希望看到的是管理者用简单而坦率的方式说出正在发生的事情，即使他们有时自己都没有完全弄清楚。

顾客就是上帝

为了激发员工的服务热情，一些企业在年终总结会上把有史以来最含糊的口号之一喊成了格言，这句话就是“顾客就是上帝”。这句含糊不清的口号看似正确，影响却不怎么好。

毫无疑问，这个口号的方向是正确的，销售人员有必要与顾客建立亲密的联系，从顾客的角度考虑所有的商业活动，并以顾客为主。但它同时也是过时的，因为从雇用角度而言，工作必然与他人有关，为别人而工作。顾客就是上帝，这句话本质上是封建的，它是由最高管理层“下达”的，他们与顾客的接触机会较少，很少会宣称顾客是他们的上帝，反而经常会在内部讨论中把顾客称为“恶魔”，他们从未把这个口号真正应用到自己身上。

管理者却要求员工把顾客当成上帝，在这样的口号下，一代又一代的销售人员被驯化得异常顺从，这种态度让他们失去了对顾客的兴趣。现今，服务性是一种竞争劣势！销售经理经常抱怨说，他的员工经常要忍受来自顾客的抱怨，而顾客就是上帝，不容反驳！销售人员应该是顾客的“伙伴”，理应接受委屈。但是，事实上，卖家想要卖东西，而顾客想要买东西，双方从根本上来说是一种对等关系，而不应该是一方服从另一方。

在这点上，我要指出的是，为了获取利益而让员工自我贬低，这对顾客和雇主都没有好处。企业不把员工当回事，会付出高昂的代价。一位资深的销售人员曾对我说：“如果顾客是上帝，那我就是神。”

像奥林匹克竞赛一样工作

通过奖金尝试让员工完成更高的业绩，经常被伪装成人类与生俱来的“运动特质”，通过竞赛的方式比较和衡量员工的业绩。这种方法源于人类学的观点。但每个对体育运动有一些了解的人，甚至参加过竞技体育的人都知道，没有人会因为钱而成为奥运会冠军。

隐性贬值的另一个例子是像奥林匹克竞赛一样工作。企业管理层看重互相竞争的理念，就是希望将现代体育的核心特点引入企业，目的是希望提高个人工作绩效，同时提高企业的整体业绩。他们设立了“前十名俱乐部”，并且公示比赛名单，用体育日报上一样的表格展示了销售额、投诉数量、新客户或改进建议的数量。他们还设立了“月度最佳员工奖”，如果没有相应的硬性指标，就通过同事间互相推荐的方法，让大家“我推荐你，你推荐我”。自我推销是管理者每日的必修课，为了保持联系或吸引注意力，中层以上的管理层经常收到邮件提醒：迪特·丁格斯基兴（Dieter Dingeskirchen）发给所有人——紧急！重要！选举出的“工作英雄”可以得到奖金，并且会在企业内部公示。

激励？有辱人格！没有人会真的相信员工能在一种内部的长期竞赛中发挥各自的优势，并且在长时间内不断提升业绩，而这就是“竞赛”的核心。这种“竞赛”可能在短期内会实现预期的效果，但它真的长期有效吗？一位经验丰富的销售经理对我说："我实际上应该解雇一个在竞争中只取得120%业绩的销售代表。"如今没有一个企业能靠短期的成功生存，更重要的是，这样做会付出高昂的代价，企业必须不断地推陈出新。整个计划变成了一场骗局，员工迟早会意识到他一次又一次地被新的诱饵所欺骗。正如我之前提到过的：员工会以某种隐性的方式弥补这种潜在的贬值，最后导致更多"不正当的津贴"成为一种持续的需求。

企业里的团队精神无处不在，而现代竞技体育的输赢原则与之有明显的区别，在这种背景下，竞争的想法非常荒谬。而这两种"游戏"的理念也完全不同：一方面要求每个人在团队中合作，另一方面又系统地安排和奖励彼此进行竞争。

并非所有人都能将激烈竞争的原则内化，就像不是所有人都会在比赛中热情地奔跑一样。和过去一样，今天绝大多数人更喜欢以观众的身份观看比赛，大众运动也更多来自对乐趣、健康和团队合作的追求。在学校里，学生们将对抗赛称为破坏性的运动，他们不愿意参加类似的活动，因为学校无法通过竞争来激励他们，他们更喜欢团体活动。然而，这并不能阻挡企业对竞争机制的认同，事实上即使员工之间存在竞争，也会随着时间的推移而逐渐消失。总之，这种机制会让企业的策略适得其反。一场长期的竞争很快就变成了"恐怖管理"，和体育运动一样，长期的竞争会带来精神上的巨大压力。即使是竞技体育，也只适用于极少数人，尽管他们全年都在精心准备，但也只有几次才能达到巅峰。除此之外，企业的公正性问题仍然无法得到解决，永远的第二名、中间和垫底的群体被按顺序公之于众，而他们往往有很好的理由为各自的排名加以解释。对他们而言，整个系统缺乏公平性，并且忽略了个人因素。难道管理层想要达到这样的激励效果？恰恰相反，结果是企业产生了少数赢家和一大批消极的输家。

通过良好的表现、运气和自我推销的领跑者赢得了竞争，这些人当然希望继续“保持”地位。对于有些人来说，所有的机制都有效，利己的品质可以得到回报，超越内部“对手”可能会消耗大量的能量，而这些能量应该更好地用于服务客户和外部竞争。如果企业想要员工在内部差异化竞争中的目标与企业的目标一致，就无法通过“竞争”来提升业绩。因此，我对内部竞争表示怀疑。

我重申一下，工作不是奥林匹克竞赛。综合来看，竞赛名单比激励更让人沮丧。在一场“所有人互相竞争”的战斗中，通过激发个人的志气来提高企业的整体业绩的想法有点幼稚。隐性补偿和员工防御行为之间的因果关系，在很大程度上阻碍了计划中绩效的提升，预期的效果很快就会大打折扣。

还需要考虑的是销售人员的差劲形象，可能也是激励体系下未得到证实的结果。如果真的有 50% 的销售人员因为说服力低、缺乏热情和自信而被认为是失败的，那上述性格缺陷肯定不会因为暗中控制而变得更好。为了发挥潜能，销售工作需要自我驱动力、方向感和责任感，而这些个人发展却不断受到贬值机制的破坏。金钱和物质上的承诺及心理上的压力之间彼此矛盾，与此同时，还会产生负面的效果。难怪在这种丧失信念的情况下，激励会像一根魔棒，总能让工作给员工造成的“伤口”继续鲜血汩汩地流淌。

15 反对的观点

所有的激励都会打消积极性，这是我所有论证的主导思想。如果有人认为人们可以轻易地质疑“成功的”和“安全的”认知，或者可以通过批判性的觉察打破固守成规的沉默，那就太天真了。如果我没有观察错，几乎在所有的组织中，创造性思维很快就会遇到瓶颈，因为这种思维缺乏秩序，存在非商业化的幻想，有故意脱离群体的嫌疑。在一些讨论中，企业对员工的动机避而不谈，反而试图解决激励制度下犬儒主义造成的混乱，这在我看来非常荒谬。有人呼喊“平等主义”“非绩效考核原则”“打破和谐”，那些试图将激励制度的逻辑思考到底的人，被打上了各种标签，他们甚至闻到了对抗的硝烟。

当然，自古以来，人们总是认为固有的事物是可靠的，而新的事物有待考证。每个人都有自己的经验，反对既定的观点，特别是反对人类学的偏见，尤其是当一个人几乎是赤膊上阵、只是想更好地论证自己观点的时候，这会变得更加困难。让我们听听一些反对的论点吧！

有人说："如果舍弃所有的激励制度，是不是会导致某些员工的懈怠？"这确实无法保证，这样问的人也不会相信任何的保证。

事实往往相反。

首先，很大一部分的员工仍然会很积极，无论有没有激励制度，他们都能在工作中找到乐趣，投入项目中。正是这些人为激励提供了资本——狭隘的成功追求者和沮丧的失败避免者的工资。

其次，还有一个中等难度的企业管理问题，那就是企业为激励制度付出的成本不能高于其所带来的利润。这也符合传统上的认知，利润反映了企业的价值，利润可以被理解为企业创造的价值和经营过程中所需成本的差额。对于员工而言，利润也代表了他们在这个企业的发展空间！

当然，我们的知识还不足以给出明确的答案。但重要的是，有些思考能否因为它颇具创造性而受到重视，比如它是否会激发讨论，挑战现有的认知，并为我们的工作提供新的视角。

"但激励确实有效！"也许其只能是一种所谓的"看起来有效"。当然，你可以用金钱或吸引人的旅行诱惑员工付出额外的努力，虽然现在很流行脱离金钱的幸福感。不可否认，每个人都想多挣钱，我们不需要讨论这些陈词滥调。问题是，如果承诺给员工更多的钱，他们就会更好地工作吗？如果他真的会全力以赴，那这种激励的作用能持续多久呢？加薪带来的“激励作用”在员工情绪上的半衰期很短。让我们再来看看它的副作用和连锁反应，然后思考这真的对企业有好处吗。激励得到的效果往往是昙花一现的。而之后呢？“领导力”意味着不被第一印象欺骗，不满足于表象和看似安全的形式，而是更深入地了解事情的本质。只为营业额上升的曲线喝彩，却对随之而来的成本视而不见，这在商业上是无稽之谈。我们深入了解一下就会知道，无论多么隐蔽，这些成本都是巨大的。但那些只看表象的人，看到的仅是事实的一部分，实际上却完全错了：激励是造成空洞的企业文化的原因。

有人说：“激励本身就是它要治愈的疾病。”这个论点颇具争议，虽然那些激励专家坚持不懈地呼吁有效性，但却掩盖了它对员工动机的破坏。

有人说：“人们希望被诱导！”首先，这种说法是一种断言，是一种“从上至下”的视角。秉持这种观念的人在管理时会靠利益驱动，用奖励作为一种不可替代的控制手段，并且很少接受真正的质疑。激励机制可能或在事实上对员工内在的状态有一定的影响，却不能代表全部。用激励的方式把员工变成“吸毒者”，从而达到控制他的目的，其再教育的巨额成本是显而易见的。所有事物的发展都离不开因果关系。

有人说："管理者只会用这些方法！"没错，是时候做出改变了。是什么阻止你和员工讨论这些问题的？自主意识？领导力？这些障碍不代表现有的认知就应该被接受。说到底，即使与表现不稳定或对奖励上瘾的人一起合作，企业仍可以做出明确的管理决策。

有人说："但我们很成功啊！"诚然，传统思想对横向思维"没有兴趣"。当分析和经验相互冲突的时候，经验往往会胜出。我对此的解释可以分为以下三个方面。

（1）这些人不是因为激励而成功，而是尽管在激励体系下，他们仍然能获得成功！当然，这是无法证明的，就像你无法告诉住在方形房间的人住在圆形房间是什么感觉一样。同样，成功是众多因素共同作用的结果，而激励能否作为主因还有待商榷。这种合理化论证，不会因为反复强调而变得更加可信。相反，我可以证明，以这种方式成功的企业最终会反遭其害。因此，我的反问是："如果你没有……你会成功吗？"如果有人认为这种方式理论性太强，我可以提供第二种答案。

（2）过去的成功经验，往往会成为未来的障碍。叔本华说："一个人只有通过自己亲身经历才能明辨是非。"他明智地避开了"真理"这个词，而且要补充的是"明辨是非只和过去有关"，但是管理者却喜欢把过去的成功方法当作解决问题的唯一途径。按照哲学家亨利·伯格森（Henri Bergson）的理论，当产生经验的环境和条件不复存在时，经验就会成为一种负担。然而，当存在不稳定因素时，许多企业的反应是加强它们以前的做法，使用更多"同样"的心理疗法、更多的广告、更多的销售人员、更多的激励，却没有意识到游戏规则和竞争参数已经变了。从现在而不是过去的角度来处理问题，是工作沟通过程中遇到的最难的问题之一，人们常常会说："我们一直都是这样做的！"而一个企业越是成功，这些坚持就越根深蒂固。

（3）成功陷阱的一个典型案例，可以引用《商业周刊》、麦肯锡和著名的国际信贷评级机构"标准普尔"对"卓越"的企业进行的长期调查。在《寻找卓越》一书中，他们得出的结论是，在 43 个备受赞誉的企业中，至少有 14 个在两年后就衰落了。主要原因在于这些企业沉浸在过去的荣誉中，一直延续使用以前被实践证明有效的方法，并对社会环境的发展缺乏敏感性。的确，成功的经验是变革最大的敌人。对此，霍华德·鲁夫（Howard Ruff）说过这样的金句："诺亚建造方舟的时候还没有下雨。"

我的第三个答案抛出了一些问题：你觉得什么是成功？成功是完全由数字代表的经营成果，还是好的生活质量、乐趣、个人成长？团队成员为这些数字付出了多少精力和健康上的代价？有些人是否比其他人付出更多呢?

有人说成功纯粹是“数字”的结果，尽管这种见解占主导地位，但仍是短视的。成功有很多不同的方面。让员工每天都在为之付出的、以成本为导向的“领导风格”是成功的吗?因为不信任造成的隐性贬值的社会心理成本有多少?丧失自尊的代价有多大?生态成本有多高?这些成本几乎不在企业的损益表中体现，而是以“其他”形式支付的。没错：没有一份资产负债表能说明有多少人变得快乐或不快乐。那些空洞且形式化的所谓以人为本的说辞都只是炒作。然而，随着环境的动荡和复杂性的增加，企业需要的是那些能够“根据实际情况用各种方法解决问题”的人，他们一般有自我调节的能力和负责任的性格。然而，在价值动态化和人才稀缺的时代，最优秀的人才往往会选择那些让他们实现工作和生活的平衡、提高幸福指数、有“生活质量”的企业。这些“软性”的文化将成为企业管理必不可少的要素，因为管理者迟早要面对这些员工提出的相关问题。

“难道也不需要激励员工去做那些无趣的工作吗?”不需要。从我的角度来看，如果能找到人尽职尽责地完成这些工作，就已经很好了。如果没有，就必须改变、重组或废除这项工作。很多人会想，这看起来倒是很简单。的确如此，如果我们要摆脱激励的恶性循环，我认为没有其他选择。如果你认为可以用一些计策来避免激励的后果，那你就错了。那些认为提议的方案无法实施的人，会知道他们将要付出怎样的代价。

有人说："对激励的批评更适用于白领，而不是蓝领！"激励当然适用于素质更高的专家和管理人员，他们承担了更复杂的任务，但为什么不普及到蓝领呢？他们的自我意识较弱？他们不那么容易被激励？他们不喜欢更多的奖金？不把他们当回事，是不是因为他们的工资比较低？这些问题表达了"从上而下"的轻蔑态度，认为基层的员工没有自我意识、没有固定的职业规划，是可以被远程控制的"人员"。瑞士经济学教授汉斯·A. 伍思里希（Hans A. Wüthrich）向我讲述了他在美国达美航空公司的一段经历。他说，在分析一架坠毁飞机的录像时，一位恰好在场的公司清洁女工泪流满面，她无法承受"她的"公司要为造成乘客伤亡负责的事实。这个案例告诉我们，基层员工的意识显然被低估了。

有人说："但是，如果有人几十年来一直在通过激励进行管理工作呢？"从某种程度上来说，管理者需要面对整个大局和一系列的问题，而不仅是财务、营销或生产等单个领域的问题。因此，他们必须考虑到其做出的决策对整个企业长期的经营结果及企业文化的影响，哪怕是个很小的决定。除此之外，他们的任务不仅是解决当前的问题，而且要为企业创造更新、更好的条件，开拓机遇和业务范围。从这点来看，管理者是为了"尚未实现"

的东西而工作。不是为了维持现状，而是为了打造一个虽不确定但很积极的未来，去寻求和尝试更好的方法。如果我们不去尝试，就永远不能找到更好的方法。只有我们敢于让这些不一样的方式，经过现实的检验进而证伪或证实的时候，才能知道孰优孰劣。这个过程要承担一定的风险，但没有经历过风浪的企业家不是真正的企业家。

无论企业的现状有多么让人苦恼，有责任感的人都不会因此而沮丧。**过去的经验像一块铁板，阻碍人们尝试任何风险。**也许有人认为我在夸大其词，但事实确实如此，因为要承担一定的风险，人们倾向于弱化核心矛盾，或逃避所有的变化。因此，有必要将其他人联合起来，重新讨论企业里激励体系的影响和效用。正如罗伯特·斯帕曼（Robert Spaemann）指出的，**觉醒意味着看到真正的现实。**一旦对体系的有效性产生怀疑，就再也无法消除了。

如果找不到战友，该怎么做呢？那就直接开始吧！管理者可以站在员工面前说："我不是来激励你们的！我在这里，不是为了让你高兴！"激励明显没有效果。无论激励的手段被运用得多么娴熟和具有隐蔽性，在激励机制下，所有领导力都变成了诱导力，员工变成了被需求控制的傀儡，他们的关系就像狗与香肠一样。

但这种批判性思维是否也预设了一个完全自主的理想形象？员工纯粹地做自己想做的事，完全不受其他条件所影响？可是谁会只因为愿意而做呢？谁不需要激励，不需要奖励，不需要认可，不需要表扬呢？谁能完全为了自己工作呢？

这样的人确实是不存在的。在本书中，我主要关注的是激励机制的后果，权衡员工、管理者和整个企业为之付出的高昂代价、长期和附加的成本。如果认为可以通过更多的激励措施来解决精神离职的问题，那就大错特错了。相反，正确的说法是，激励引发了员工内心的辞职。这就是为什么上文中提到的不必将理想的人格特征作为摆脱激励的先决条件。当然，人很容易被影响，即使是最简单形式的影响——帮助、关怀、爱，尽管它们表现得并不突出，也带有操纵、权力、诱导和自我的色彩。就像山谷和山顶同时存在一样，每个人都会有低谷的时候。不是要么拥有一切，要么一无所有。亚里士多德曾提出过警告："政治悲剧的本质在于让完美成为善行的敌人。"人类学家罗伯特·阿德雷（Robert Ardrey）也指出："只要我们在追求一个无法实现的目标，就不可能实现其他的可能性。"

上述观点并不是呼吁人们被动地等待新的、不受任何影响就能自我激励的人出现，这也不是领导力的目的，但有必要用理性关系的约束力来取代诱导。让我们看看能做些什么。

事实上，告别激励并不难，难的是让员工放弃激励体系带来的额外所得。

MYTHOS
MOTIVATION
WEGE AUS DER
SACKGASSE

第三篇

领导力

MYTHOS MOTIVATION

WEGE AUS DER SACKGASSE

16 共识管理

每个人的动机都源自事物的自然规律。

陀思妥耶夫斯基（Dostojewski）说："把所有经济上的满足都给予他，让他除了睡觉、吃蛋糕和为延长世界历史而忧虑之外，无所事事；把地球上所有的财富都用来满足他，让他沐浴在幸福之中，直至头发根：这个幸福表面的小水泡，会像水面上的泡沫一样破裂掉。"被尼采称为最伟大的心理学家的他写下了这句民间谚语："没有什么比无尽的好日子更让人难以忍受的了。"

在人们追求物质满足的过程中，管理者往往会忽略行为科学的声音，也就是人们是有动力的。在20世纪初，佛雷德里克·温斯洛·泰勒（Frederick Winslow Taylor）认为："人们天生的本能和偏好，不会超额完成应做的工作。"康拉德·洛伦兹（Konrad Lorenz）、伊雷纳乌斯·埃伯斯菲尔特（Irenäus Eibesfeldt）、费利克斯·冯·库伯（Felix von Cube）等人的研究否定了这种假设，他们认为每个人本质上都有自我发展的创造性能量。人有很高的行动潜力，也可以理解为工作的能力和意愿。

行为学研究的结果

从人类行为学的角度而言，我们的活动都是有目的的。如果不抵抗或厌烦，我们就有很大的潜能。解决问题、探索、强烈的好奇心是我们真正的本性。激活我们的好奇心，感受发现的喜悦和解决问题的欲望，就是我们想要的东西，然而这些能量的来源有时似乎被埋没了。

每个人都想要有所成就。行为学研究人员发现，如果不让孩子上课，只是单纯地玩耍，他们几天后就想主动回到课堂上，因为他们会对这种单方面的娱乐活动感到厌倦。如果给猴子一些高难度的技巧练习，他们马上就会兴奋地投入其中，并且会忘记饥饿。实验中的动物，如果可以选择通过某些动作（比如按下一个小杠杠）自己获得食物，它们总是喜欢这种更有挑战性的方法。

宾夕法尼亚大学的马丁·塞利格曼（Martin Seligman）为他的“能力”模型引入了一种研究方法，根据这项研究，当婴儿成功地使挂在线上的物体移动时，他们会微笑；如果这个动作不是他们自己发起的，他们就不会笑。塞利格曼认为这种现象的发生，是因为婴儿在应对并控制情况的过程中创造了快乐和兴趣。在工作中也是如此，例如销售人员会为他们通过付出努力争取到的订单而感到高兴。毫无疑问，我们都在寻求挑战。

自我评价：高度的职业道德

即使是“雇主”和“员工”这样的术语，也被行为学研究证明是不准确的，并揭示了业绩和报酬的谎言：员工来企业不是为了工作，而是工资。而新的认知是人们不仅想拿工资，还想付出劳动。汉斯·托马斯（Hans Thomas）写道：“那些尽可能想少工作的人已经走到头了，与之相反越来越多的人想要更多地工作。前者正面临着两难的境地，既想宣布自己是基本工作权利的倡导者，又想减少工作。”

行为学研究的结果可以总结为激励是基于一个错误的假设。动机差距基本上不存在！而忽视这一行为学事实的后果相当严重。

那些激励专家当然知道他们在说什么，因为大量缺乏动力的员工是不容小觑的。但什么是因，什么是果？我认为他们是自己成功的受害者，从这个角度来说他们是对的。巴甫洛夫说：“激励是新形式的剥削。”我对此的看法很有限，也许下面的描述更为贴切，激励是新式的纵容。

对于这一点，一些人会惊讶地直揉眼睛，这种和领导力相关的理念与行为生物学是否风马牛不相及？会不会造成“员工想做就做”甚至倒行逆施的情况？让人惊讶的是，我见到的员工调查中，对“我把我的职业道德描述为高尚”的正面回答通常在90%以上，甚至在所有积极的陈述中排名第一。尽管如此，激励仍在继续，毫不退缩。难道如此巨大的努力是为了缩小不到10%的动机差距？将90%甚至更多的员工置于不信任的怀疑之下，就为了让不到10%的员工重回正轨？

但是，激励拥护者们的怀疑太强烈了，他们不相信这些调查结果。他们认为也许其背后潜在的观点是正确的，可能员工真的更想“保护”自己不受管理者的激励！

的确，这种坦诚是主观的。但是，关于它的怀疑性讨论意味着有人“客观地”或“更好地”知道“真正”的职业道德是什么。定义“实际”高职业道德的人，通常总是将其设置得比受访者高一点。这种态度不言而喻地旨在指责受访者的自我评估是错误的，并认为评判者对真正的标准有把握。

后果就这样产生了。自主启动的激励机制向员工传达了他/她的执行意愿是一种变化无常的东西，必须被不断地重新激发。但是，有哪个管理者真的相信，大量的员工会认为他们的自我评估是一种错误的判断，他们的描述只是相对有效的？每个人的动机是事物的自然秩序，对一些人来说这虽然难以被认同，但不仅仅是行为学研究提出了这样的问题：单纯地相信员工的工作积极性，然后要求他们去工作，不是更有意义吗？

让我们再看一下经常有出色业绩表现的 NGO 组织，比如绿色和平、红十字会和很多慈善教会机构，尤其是组织群众体育活动的数百万的志愿者们，他们付出了巨大的努力。这些例子都可以证明人们取得成就的基本意愿。如果他们找到一个对他们来说有意义的组织，就会全力以赴。这些组织既没有固定成员，也没有绝对的影响力和成就。但显然，这些组织提供了让人玩得开心的“运动场”，让“为什么去做”一类问题的答案变得随处可见。福特和大众汽车公司的前董事会成员丹尼尔·戈德弗特（Daniel Goeudevert）转述了美国一家大型慈善组织代表队的一句话：“我们过去对员工的要求很少，因为我们只能支付很少的报酬。现在我们不但不支付，却要求很多。”

绩效的维度

绩效可以总结为以下三个维度：

- 工作的积极性；
- 工作的能力；
- 工作的机会。

如果我们把这些维度划分为员工的责任和管理者的责任，行为学研究就会让人发现其中的误解，即工作的积极性应该通过激励来提高。而实际上，工作的积极性是员工的责任，也可以说员工“自带”工作的积极性。

即使行为学研究没有得出任何结果，企业也应该有一个明确的管理决策，就是塑造相应的企业文化，因为所有的激励最终都会变成消极的激励，工作的积极性是员工个人的事，而不是管理者的事。

管理者当然会试图影响员工的工作积极性，不幸的是，这样做的结果相当消极，接下来我会予以证明。然而，如果他们认为必须激励员工，甚至在长时间内违背员工的意愿予以激励，那他们就不够明智了。如果他们认为自己必须为员工的工作积极性承担“激励”的责任，那他们就会为过度的责任感耗费大量的精力，这一点已经被证明过。在任何情况下，可以肯定的是，如果员工的积极性减弱，管理者就会怀疑员工的工作积极性，并试图激励他。

绩效总是和以上三个维度的相互作用有关，从这些维度观察，激励的失败就变得很明显，因为激励的目标只有一个，就是工作的积极性，这点尤其重要。企业的管理者为了一个小目标而付出了巨大的努力。所有的激励都是为了工作的积极性，而针对其他两个维度并没有相应的工具。

如果业绩不佳的原因是缺乏工作的能力，或根本没有工作的机会，激励的红绿灯就起不到丝毫作用，因为它并没有从积极的意义上改变任何事情。相反，和前文表达的一样，它甚至破坏了工作的积极性。

要求

还有很多被激励掩盖、不容小觑的因素：管理者提出明确的要求，和员工达成协议并加以管控。他有权要求员工遵守劳动合同中的协议完成既定目标。他有权也有义务公示和批评不遵守协议的行为，“公示”意味着公开和直接，而绝不是不公平或苛刻！他有权对过程加以把控。在业绩不佳的情况下，企业不能仅仅机械地通过奖金，比如惩罚、不足额支付奖金或其他自我调节的惩罚制度，来满足一种反常的正义感。管理者的职责是调查员工没有达到约定绩效的原因，并将自己视为潜在的阻碍因素，不然领导层还有什么价值呢？

我认为特别需要强调的一点就是，管理者也可以和员工达成一致，包括给他们指派不愿意做的工作。但管理者不应该“引诱”员工，不应该试图欺骗员工，让他们相信自己“想要这样做”。

总的来说，我认为，**管理者和员工之间约定明确的目标，比**

自我调节的奖惩制度更有利于绩效的发挥和执行，而管理者也需要信守承诺。认为这种提议会导致平均主义的人，并没有真正理解我的意图，我关注的是领导力的重建。每个人都希望管理者成为积极的企业家，但是企业家之所以被称为企业家，是因为他付出的行动，而不是因为墨守成规。

在经常被引用的沃伦·本尼斯（Warren Bennis）和伯顿·纳努斯（Burton Nanus）的书中，管理者被描述成提出挑战的典范。为了证明这一点，他们引用了宝丽来创始人埃德温·H. 兰德（Edwin H.Land）的话："你要做的第一件事就是让人觉得手头的任务非常重要，而且几乎不可能完成……这是必要的激励措施，它使人变得强大，使人在精神上走上正轨。"我认为真相不是这样的！装模作样、口是心非的钻营活动都属于撒谎。本尼斯和纳努斯再次表示："信任是保持组织运转的润滑油。"是的，在上面的描述中，管理者和员工之间没有进行明确的沟通，也没有把信任和合理的要求作为约定绩效的基础。

如果用明确的要求取代隐蔽的贬值和激励引起的副作用，可能会收获更多。

约定和协商

领导他人去做一件事是困难的，而相比之下承认这一事实更难。通常情况下，人们希望从领导手册里的“如何……”中获取经验，但结果往往让人非常失望。因为手册里没有考虑到最重要的前提条件——企业领导层的性格。没有任何的领导力培训能总结出管理者日常工作的复杂性，即使上千页“完善的资料”也做不到这一点。甚至培训提出的建议也有好坏之分，对一个人有用的、“好的”建议，对另一个人可能完全不起作用。就像没有任何一个专利药方对所有人都有效一样，任何事物都有它的两面性。在我看来，最好提前评估个人领导行为的后果，并事先选择应采取的方法。这正是领导力的艺术之处，之后事情就会按照我选择的方向发展，无论如何，有一件事我都不会做：身为领导，却抱怨领导他人的困难。

所谓的培训并不完善，也不可复制，这一点很少被观察到，相关的领导力图书也很有限。虽然在关于领导力的出版物中可以找到许多有帮助的内容，但我对这些书中所谓的领导风格和领导技巧仍持怀疑态度。特别是不赞同以领导力为标题的行为模式总结研究，因为它被赋予了太高的经济—道德效应，这通常会让人们误以为这些成功经验可以模仿，可以“自由选择”。一些培训课程完全不区分领导风格，完全忽略了大多数管理者直到 30 岁以后才会深入了解沟通和人员管理方面的知识。这些课程秉持的理念是，员工的许多行为模式已经被打上了深深的烙印，那些熟悉的、显得“成功”的行为模式（毕竟，这是一个人发展的方式）已经成了一种惯性。

如果领导力的理念是以“同质化”的员工为前提（当然这是不存在的），那么简单地复制领导风格显然没有考虑到领导和员工的个性、对现实复杂性的认知不足，并且有失公正。

我觉得大部分理论都有点“脱离实际”。比起那些特别是美国管理类文献中让人惊奇的理论，我下文中的论述力求更清晰，并且有界限，尽管这并不容易做到！我越来越相信，领导力只在有限的一些职能范围内才是合理的，超出这个范围的领导力都违反了人性的尊严，是不可接受的。这种最低限度的领导力是正确的，所以会让人成功。

在我看来，最重要的仍然是企业与员工之间的约定和控制绩效。我们经常能看到管理者抱怨员工表现不好（通常他们指的是工作的积极性），却很少看到他们和员工一起积极地制订目标，也很少知道他们要求的高绩效实际上应该是什么样的。100% 完成的绩效应该是什么样的？相关调查还表明，所有的管理层都倾向于高度评价自己的绩效，却贬低员工的绩效，因为他们认为他们对企业的贡献要更多。但是自相矛盾的是，他们仍然支持普遍却毫无根据的信念，即工作、绩效和收入之间存在联系，高薪会激发额外的努力。

绩效不是绝对的，而是和期望值有关。例如，一个销售活动的成功在很大程度上取决于实际成果和管理层期望值之间的关系。管理者必须将期望值加以分解，并和员工达成共识。无论是营业额或数量的“硬事实”，还是行为或质量的“软事实”：我们需要的是有效的沟通和协商的过程，达成让双方都感觉可行的共识。从这个角度来看，人力资源的任务是搭建结构，让个人绩效和薪酬能够最大化达成一致。

“我知道，我们已经做了很久的目标管理工作，我们管它叫老生常谈。”的确是老生常谈。但我从不认为如果我和我的员工约定了目标，并真正实现了目标，我就更应该激励他们。要么我认真对待员工，从而他们有能力完成约定；要么我不认真对待他们，从而我不需要任何约定，并且可以为自己省去做协调工作的精力。

然而，真正的困难在于通过和员工约定目标进行领导。这只是一种说法，通过给员工设定目标进行领导才是通常的做法。企业高层往往会把短期的财务目标强加给他们的中层管理者，通过这种方式他们把对利润的需求进行了转化，而这种需求会被进一步分解成数字上的目标。一位有经验的销售代表略带讽刺意味地说：“我们的组长在计划会上提出了一个固定的营业额目标，这是他上级提出的要求，我们必须实现它。我们谈判的空间是如何在组内分配这一总目标，而我们从市场上得到的经验在目标设置上没有起到任何作用。”他无奈地接受了整个安排，认为这只是“游戏的一部分”。你认为他会备受激励吗？

我不会在这里讨论过程，因为我主要感兴趣的是“下达”目标的效果，如果员工没有参与制订目标的过程，这种方法就不会有长期价值。在心理层面上，它表达了一种不屑，一种不严肃的态度，不仅贬低了员工的价值，也没有体现管理者的价值，“上级”简单地变成了“提议者”。

那些认为自己就可以设立目标，而不需要让员工像合伙人一样参与协商的管理者，必然要承担相应的后果。这种方式也许可以让员工配合，但永远不会得到员工对这些目标全心全意的“认可”，因为它们曾经是并且仍然是管理者的目标，而不是员工的目标。员工可能会口是心非，这也是所有压力、不认同的根源，并造成了员工内在的动机差距。

共识的管理方式

一个决定之所以被称为决定，是因为它是一种选择。那些认为他们必须独自做决定的管理者，往往与员工越走越远。恰恰相反，我们需要的是共识管理——基于共识而不是基于权力的决策。“共识”意味着“共同的意义”，我们需要的是把员工当成合伙人一样认真对待，并与他们建立共识和协议；不是分化，而是融合；不是排斥，而是包容；不是简单的执行，而是共同的努力。

这意味着决策的过程一定是漫长的，需要付出大量的时间和精力，只有各种观点被充分讨论以后，才能达成共识。对于那些说太耗费时间的人，我想反驳的是，如果没有共识，这些时间就会被简单地推迟，并在决定被做出后产生抱怨，进而不得不做出修正。如果没有所有相关人员的充分认可，相关行动就只能以不太理想的方式实施！

主权行为者之间以一种开放的方式签订自由协议或交换关系。这似乎是组织关系的未来。所谓的目标协议，既不以纯粹的民主方式就目标达成一致，也不以自上而下的权威方式设定目标，而是通过协商达成共识。在这个意义上，有了明确的共识，就不存在动机的问题。

17 对话式领导

“沟通”是我们现代社会的流行语。每个人（包括高管）都在谈论这个话题，虽然它往往只意味着“信息”，也就是减半后（原本是双向的）单向的沟通。真正的“相互”交谈非常困难，我们可以在培训中学习沟通的“技巧”，但如果一个人只局限于这些技巧，却不考虑自己内心的态度，这种努力就不会有真正的意义。

通过观察“独白—对话”这对词语可以更好地理解这种内在的态度。独白的意思是和自己说话，对话的意思是相互交流，更好的一点是两个人之间的交谈。这更像是一个正式的定义，并没有提到内在的、“对话式”的态度。

沟通意味着通过专注的倾听来理解对方。马克斯·弗里施（Max Frisch）说：“每一次沟通的尝试都只有在彼此的善意下才能成功。”也就是说，要善意地倾听对方的话。

沟通不应该仅仅停留在形式上。传播学证实，我们称之为现实的许多东西都在个人的观察之外，感知就是我们认为“真实”

的东西之一。我们都生活在既定的行为模式下，对陌生事物的恐惧阻碍了对真实情况的感知。

真正对话的态度意味着认识到个人永远只能感知到有限的一部分现实。

不仅是感知，所有的评价都是非常主观的、由个人经验决定的，它们只是“真相”的一部分。然而，在我的观察中，那些坚持自己个性（通常意味着坚持自己习惯）的上级，也会坚持对所有人都有效的“客观”价值标准。误解产生的最佳前提条件就是：每个人都像我一样，每个人的看法都和我的一样，把想法提出来很难得，但把它作为唯一正确的观点就很可笑了。

对话的态度意味着认识到两个人在认知和评价上的根本差异，并将其作为对话的起点。**对话的意义就在于这种态度意味着一种机会，正是因为对方可能和自己的观点完全不一致，从而对完整了解整体情况起到了帮助，是一种增益。**希腊语中的“对话”也被翻译为“世界的起源”：这并非巧合，世界是通过对话创造的。

对话行为

对话行为意味着好奇，意味着以一种开放、包容的方式思考和交谈，意味着不用“要客观地看待它”这种话把对方的观点推

翻；意味着不要带着先入为主的观点（这已经相当于一个“不可动摇”的决定）去参加会议；意味着不要把“唯一”的解决方案强加给一个问题；意味着从根本上对其他方案保持开放的态度，也许除了备选方案 A 和 B，还有一种可能性 C；意味着抛开内心隐蔽的成见，也就是抛开“你什么时候才能按我希望的方式主动思考和行动”的专断。

那些想把自己“神圣”的观点付诸实施的管理者，早就在内心做出了决定，这可能会让管理者和员工分道扬镳。这么做没有好坏之分，但有一定的后果，因为它限制了其他的可能性。我们生活环境的复杂性日益增加（我们每天知道的越来越少），由此产生的隔阂也被迫贴上各种偏见的标签，带着个人偏见主导决策过程，而不是通过对话、通过汲取不同的观点来拓宽决策视野的现象正在急剧增多。我认为有些企业不能很好地解决问题，往往是因为太局限于传统上对资历的认知，不能很好地分配知识。

我想表明的是，倡导对话式思维和行动并不是基督教式的“社会使徒”，而是为了效率和生产力，这有可能关乎我们的企业能否生存。很明显，对话需要很多时间。但那些讨论它的人应该把因没有进行对话而损失的时间加进来，那些单方通过快速做出决定所节省的时间，经常被再次投入修正的工作中。误解、信息传递不充分、目标不明确而导致的任务完成不够理想、管理者和员工关系的破坏和消极情绪，都是表面高效率的深层次后果。最重要的是，彼此的期望没有实现：这才是真正的投入——一种昂贵的时间成本，谁有时间去弥补呢?

对话的态度汲取了其他的观点，而不是排斥。它存在于开放的沟通交流中，并促进了基于广泛共识的决策；之后，它将所有精力集中在执行上，不必为了完成任务而疲于奔命。因此，对话式领导意味着在行为层面做到以下几点。

- 邀请别人参与对话；作为客人拜访对方；提出正确的问题。
- 关注对话的对称性。
- 沟通是双向的：“我可以告诉你，你也可以告诉我。”
- 汲取尽可能多的观点。
- 做出基于广泛共识的决策。

如何确定那是一场真正的对话呢?你谈话后走出来的时候，和你进去的时候不同。这就是对话质量的标准。一场对话，如果你出来的时候没有变化，那就不是一场对话，因为没有人能拥有所有的真理。

一些应聘者在面试时说：“我学会了自己解决问题。”如果要进入倡导对话式领导的企业，那么他们将不得不重新学习。

18 避免消极

执行意愿只会被别人阻碍。

人是本具动机的。如果员工的表现不尽如人意，那就是有什么东西打击了他的积极性，或者是其缺少工作能力或工作机会。如果之前提供旅游服务的旅行社不再能提供有吸引力的目的地，该怎么办？答案是改成思想的飞行之旅！因此，要区分哪些因素会破坏企业内的有效合作，哪些能让企业的发展更有活力。激励总是滞后的，一个缺乏动机的人无法被激励，他只会陷入更深的不满中。最好的方法就是认真对待他，了解他失去动机的原因。因此，我想请你转换一下关注点：从激励转变到让人消极的原因。

案例

首先，我想谈谈销售人员。好的销售人员自然希望能多赚钱，不仅如此，销售对他们来说更是一种挑战，是一种内在的动机。根据我的经验，从真正优秀的销售人员的行为中能看到，他们相信自己的服务能让顾客买到物有所值的东西。如果这些销售人员的业绩有所松懈，那么他们往往会被问到和绩效激励相关的问题：更多还是更少的固定工资？个人奖金还是集体奖金？但这些问题都不是真正的问题，真正的问题是销售人员的积极性下降，是因为他们没有什么好东西可卖，他们不认可自己销售物品的质量，他们不想卖。即使通过威逼利诱的激励手段可以让销售人员把不好的商品推向市场，但这种行为无法保证企业获得长久的成功。

对一个优秀的销售人员来说，要求他销售自己不认可的东西简直是一个噩梦。这就是产生动机差距的实际原因。那些认为可以用与实际问题无关的绩效奖励解决这一问题的人，并没有认真对待这些人的工作态度。激励一个缺乏动机的人是痛苦且不现实的：他会试图通过谈判、降低业绩的门槛来实现目标，且不需要任何特别的努力。他会假装自己被收买，因为他没有被企业认真对待，并且对自己失去动机的原因也没有真正的兴趣。他能感受到自己被诱导了，所以他会拿走尽可能多的利益。现状没有任何改变，开始下一回合吧！

另一个例子是一位物流部的总经理，他在几个星期内就把员工的积极性降到低点。他用奖金补偿了员工因新的组织结构造成的额外工作，在没有和员工进行充分讨论的情况下，他却想在管理过程中集思广益，并且推动成本意识。在一次会议上，他做出决定："不用增加新的员工，我们就能做到这一点！"尽管有奖金，但员工的士气明显很低落，员工的病假申请次数增加，错误率急剧上升，大家普遍抱怨找不到工作的乐趣。他也采取了行动——增加奖金。

很多大企业越来越关注"健康"这个话题，一方面为了满足员工日益增强的健康意识，另一方面为了给企业带来一种新形象。德国电信、拜耳和巴斯夫等公司已经实施了多种措施，成立了自己的健康咨询中心，组织了旨在预防压力的研讨会和各种休闲活动，来保护员工免受过度劳累和各种疾病的影响。这当然没有错，然而，在闭门造车之后，人们听到的却是如果企业遵守所有的职业安全法规，或考虑到由于无休止的裁员而带来的越来越大的业绩压力，会对员工的健康更有利。如果能减少污染物的排放，也会对大多数员工的自尊心起到积极作用。

如果你在研讨会上收集管理者面临的问题，有一个问题永远不会缺席："我怎样才能激励我的员工？"但从来没有人问："我做了什么让他们失去了积极性？"这才是一个真正值得探索的问题，我们将会看到思考这一问题是值得的。这也意味着"承认"

弱点，或者至少有一个不同的声音作为参照。**如果有人认为管理者和员工之间的紧张关系可以通过激励化解，他就会永远纠缠在无法解决的矛盾中（与此相比，上面的例子简直微不足道）**。那么这一幕就和荒诞的戏剧没什么区别，但荒诞戏剧想要描述的是“真实的生活”。我们稍后再谈这一点。

我想提醒管理者注意许多阻碍员工工作积极性和创造力的消极因素，即使很多事情需要亲力亲为，也需要学会放手。

是激励性谈话，还是消极的谈话

“激励”的反作用是显而易见的，它同样可以让人变得“消极”。

如果积极性是我们与生俱来的自由流动的能量，那么消极就代表了受阻的、惰性的能量。领导力就是要促进企业里能量的流动，也就是要检测出能量的阻塞和不足。不管能量在哪里被阻塞，我们都要找到释放它的途径。该怎么做呢？观察和询问。观察企业里正在发生的事情，识别模式和结构，“感受”能量；觉察对工作的不满，了解并解决问题和冲突，而不是掩盖它们。

我们应该询问和讨论让人消极的原因。根据我的经验，没有人会询问消极的原因，而只会假设。如果员工的绩效明显下降，管理者，尤其是那些等级高、与员工的日常工作有一定距离的管理者，很快就会以为他们知道问题的根源——员工缺乏工作的积极性。他们很少关心员工的工作能力，更不在乎他们的工作机会，总是针对工作积极性“施加压力”。但是问题很麻烦，也许会暴露短期内无法改变的事情，甚至会迫使你降低预期。还是停留在自己想象的人设上比较容易。每个人都不希望事情变得复杂，难道不是这样吗？

揣测消极的原因是没有意义的，管理者只能在和员工直接的、定期的面谈时了解他们的情况。至少在大企业里，这种面谈应该很普遍。但根据我的经验，此类实践并不理想，无论是频率，还是对话方式。但这不是我要谈论的主题。

除此之外，还有并不罕见的“激励性谈话”，作为一种“侦查”手段，它旨在探测到员工的各个维度，以找到适合激励员工的螺丝钉。胡姆·古特利（Humm Gurlit）建议：“激励性谈话应该以员工动机档案作为基础。”人们会想到这样的画面：每次谈话之前，管理者都拿出个人动机文件夹。那些精疲力竭、失去动力的员工会定期从管理者那里获得“新能量”，再次“充满动力”，然后坚持一段时间，直到再次补充。

与之相反，我建议对话的重点是，是什么打消了员工的积极性。通过这样的问题，更有可能成功识别出在错综复杂的激励措施的掩盖下，使能量消耗的因素。管理者向员工提出的问题应该是：“是什么打消了你的积极性？是什么阻碍了你快乐地工作？”这个问题基本上应该基于两个层面：

- 关联性；
- 工作结构的相关性。

这两个层面在很多地方都有重叠，所以很难将它们分开，因为它们直接或间接地处于管理者的影响范围内。为了更好地理解，我将对它们进行区分。

作为组织发展的一部分，我在多家企业进行了研究，并分析了使员工消极或对工作不满意的因素。我将收集到的 418 个建议进一步分为几个大类，并用接下来的内容阐述其中的复杂性。

19 重塑关系网

领导力最重要的体现是避免消极。

管理者和员工站在销售曲线图前，这个均匀上升的曲线在夏季有一个陡峭的增长。员工对管理者说："那是您休假的那个月公司的销售业绩！"

这一幕已是老生常谈，但它以一种显而易见的方式表达了企业里组织结构、制度及最重要的管理培训方面没有得到充分认识的因素：使员工消极的影响因素大部分来自直接上级，没有其他因素比直接上级更能影响员工的积极性。在我的研究中，"与直接管理者有关"的影响因素占所有消极因素的 56%。一个略显晦涩和讽刺的笑话提到：企业里有两种人——签字的人和辞职的人。所以问题不在于员工的积极性不高，而在于许多管理者的消极影响。

与直接管理者的关系是工作满意度的关键。这对我们来说并不奇怪，因为上级的"激励"行为被认为是让员工产生消极情绪的主要因素。在这个背景下，如果再重新思考管理者反复提出的问题“我要做什么才能激励我的员工”，我们会发现这个问题显然是错误的。

荒谬的事情离人们太近了，以至于人们几乎察觉不到它。正如人们所期望的那样，这些管理者不是首先考虑消极的原因，不去询问员工为什么精神离职或表现不佳，也不是立即“做点什么”，而是总在研究如何能“唤醒”这名员工，想知道如何才能再次“激励”他 / 她（而这些问题经常围绕着薪酬体系）。在这一点上，**这些管理者的行为非常像被拒绝的恋人，想着如何赢回对方的芳心，而不是她离开的原因。**

更重要的是：许多管理者往往并不真正关心他们的员工，员工是企业委托给他们的。他们更关心自己的领导形象、资格、控制权。简言之，他们关注的是权力。他们害怕的是被指责没有把人“控制”好，而不是没有关心员工的内心世界。

这种态度对积极性不高、业绩不佳的员工，也就是我们所说的“失败避免者”意味着什么？毫无疑问：这种态度漠视了他的价值，让他失去了动机，他产生不满的原因没有被认真对待。很多时候，这些原因都在于管理者本人。因此，管理者应该考虑自己做的哪些事打消了员工的积极性。

员工：可以失去动机

另一个容易被忽视却重要的联系是从激励的角度来看，每一个作为激励者的管理者都有可能也是一个打击者。如果管理者通过他们的行动或激励措施成功地让员工产生了额外的绩效，这意味着如果缺少这些激励措施，员工就会失去动机。这种形式的关联性给企业带来了一个明显的控制问题：需要被激励的员工也可以失去动机，面对猖獗的领导危机，忽视这种联系几乎是悲剧性的滑稽剧。

我们不要自欺欺人：相当多的高管不会沟通，自以为是，专权，操纵他人，谄上媚下。与之相比，顾及员工的消极情绪并不吸引人：我能得到什么？企业每天向“领导力”的成本中心支付数百万欧元，而由管理者制造的消极情绪却比企业里任何其他因素都要多。这主要是因为许多员工对上级的依赖。在日常亲密和频繁的接触中，会出现高心理密度的情况：如果管理者有了“中意的人”，对当事人来说，这真是人间地狱。如果这个员工允许自己被“收买”，那么我们就有了所谓的“心理阴影”，这在企业里并不少见。

让我们简单了解一下沟通的学问。沟通人的关系对沟通的内容有直接影响。如果管理者和员工之间的关系不佳，他们在日常的合作过程中会过滤掉很多的沟通信号，以至于沟通的内容完全变形：想到的不是说出来的，说出来的不是听到的，听到的不是理解的，理解的不等于同意。如果一个管理者激动地说“我已经跟你说过 100 次了”，那么他一定会认为这个员工每次都没有认真听他的话。如果管理者和员工之间的个人关系不顺畅，那么可以肯定这个“团队”很难达到最佳工作状态。

领导层最需要避免的是让员工失去动机，最重要的管理任务就是明确团队成员的关系。在员工的日常工作中，任何阻碍积极性的问题都可以拿出来共同讨论。一些微小的行为、不屑和忽视的态度会让人情绪低落。对管理者而言，它们大多是无意识的举动，但对员工而言，他们了解每个举动，并每天都在忍受着。这些管理者中的一些人一定是彻头彻尾的动机杀手，他们具有真正迫害者的心态。即使他们是出于好意，也往往可能对自己的行为后果完全视而不见，他们不听、不征求反馈意见，不关心自己的“盲点”，僵硬地保持和员工之间的距离，忧郁地欣赏着自己高大而强硬的形象。如果他们能把保持距离的心力用在连接和理解上就好了！

此外，激励所需的基本条件将管理者限制在具体的角色上。他们承担了激发员工工作积极性和激励员工的责任，经常变得很紧张，不再沉着冷静，并且指责员工的“忘恩负义”。他们过激的反应，主要是为了确保自己的“地位”，即激励者的角色、主导并掌控全局、控制员工的积极性。这种“很厉害的家伙”的个人形象，体现在每次紧张的对峙中，他们缺乏对别人的信任和自信，敏感地自我保护和防御。他们最好注意一下自己的言行，所谓“不听老人言，吃亏在眼前”。

有趣的是，大多数的管理者清楚地知道他们上级消极的行为，却很少想到，他们对自己的员工也是如此。员工的经历总是类似的：

- 管理者总是比员工知道的更多，能力更强；
- 指挥官式的个人独断；
- 管理者在员工背后说坏话；
- 夸张、自以为是、不客观、大声、基于个人特征的批评；
- 呼来喝去，随意地支配员工，永远掌握话语权和控制权；
- 员工得到的信息不充分、片面、延迟，或信息只局限于他或她的直接工作领域。

其实并没有什么新的花样，但在我收集到的资料中，有三个方面尤其突出。

迂腐

有些迂腐的管理者痴迷于对秩序、准确性的狂热追求，这无疑是最消极的行为之一。迂腐的态度让富有创造性和积极的合作止步不前，逐渐消沉。在我收集到的资料中，这种情况经常被描述为，上级的压力主要来自对专业技能更高、年轻有活力的下属的恐惧。

这听起来很有道理，休伯特·费希特（Hubert Fichte）写道："没有比准确性更能掩人耳目的理由了，削尖的铅笔胜过了文章。"公务员的灵魂就是用秩序约束别人，即使那个人是领导，不需要客观论点来辩证是否有更好的方式，因为没有用。但自弗洛伊德以来，人们都知道，秩序总是"向后看"：一种不需要被验证的强迫重复。对于企业而言，这种强迫重复扼杀了生机，让敬业的员工变成了精神离职的"临时演员"。

为了避免误解，我们不是指遵守游戏规则，而是指不加审查、不加思考、不加例外地排除其他可能性，指下意识的"不可能"！

缺乏可信度

缺乏可信度也是十分消极的行为体现。令人敬畏的、成功的、捉摸不定的管理者形象没有感情、没有弱点，更不会"承认"错误。空洞的"你真是太棒了"的表扬和过于明显的激励打击了很多员工的积极性。他们对自己上级的形容往往是言语开放，行为僵化。“胡萝卜加大棒”的过山车策略本身就破坏了管理者的可信度。

理解这一点需要我们具有更犀利的意识和以可信度为基础的“自下而上”的批判性能力。像地震仪一样，员工会记录下管理者“不真实”的行为。一位员工写道：“我的经理经常转发杂志上的文章，其中有很多值得思考和提升的地方。我每次都会认真读完，并把重要的内容保存下来。有一次在讨论中，当我提到一篇文章的论点时，他的看法和其中的观点完全相反。他友好地跟我说那只是文章而已，生活毕竟是很不一样的。”管理者具有诚信、正直和明确的态度十分重要，即便偶有怀疑和无力感，也会得到员工的理解，管理者不应在日常的混乱中激励员工。

关于这一点，也是最重要的一点——缺乏信任，我将在下面的章节专门讨论。

20 给予信任

> 如果你认为员工不够独立，他们就会变成你认为的样子。

激励只会造成贬值。任何没有意识到或不承认这种贬值的人，都不相信别人的工作积极性，而这只会让它的影响更糟。那些认为自己必须经常激励员工的管理者拒绝承认他们对员工的影响，他们评价员工的行为并把他们分成不信任的人、贬值的人、不抱希望的人，但他们自己从不反思是自己造成了员工这样的行为。

自我实现预言

J. 斯特林·利文斯顿（J.Sterling Livingston）在几十年前就描述了领导力的“皮格马利翁效应”：人们倾向于按照别人期望的方式行事。自我实现预言，即让自己预期成真的预言。上级的预期确实对大多数员工的发展和表现产生了强大的影响，然而，这一点很重要，即管理者的预期越低相比于预期越高，更能起到积极的效果，尽管大多数管理者认为事实完全相反。利文斯顿明确地说，如果现在重写自己的文章，他会更多地关注“皮格马利翁”负面效应。

在我的调查中，“缺乏信任”构成了管理者和员工关系中最消极的因素，可以总结为以下几个方面。

- 对员工业绩的预期不高。
- 无视员工的专业能力。
- 不信任员工的独立工作（管理者经常并乐于参与其中）。
- 管理者总是“知道”得更多“做”得更好。
- 过度管控。

从传播学中，我们可以了解到打消积极性的循环是如何发展的。它通常开始于管理者不接受员工的行为方式、他们工作的方式，甚至是他们的外表——员工和他应有的形象不一致，更不是管理者希望的样子，他没有达到管理者预期的业绩。因此，打击积极性的循环总是从管理者本人开始的，即使他很少承认这一点。

对员工预期的不满是通过许多口头和非口头的交流表达的，部分是潜意识和无意的。可能是微不足道的轻视：“忘记”回复员工的提议，员工的建议被“漏掉”了，略显轻蔑的耸肩，具有深意的微笑，会议上不屑一顾的忙碌状态，过于简洁的指令，粗暴地打断员工的话等，所有这些都让员工产生了一种消极的情绪。

所有人都具有顺从社会的行为倾向，员工也逐渐开始以这种方式行事，即对自己业绩的预期越来越低。即使员工做了一些超过管理者期望的事情，他也不会注意到（选择性感知），或者会被重新解读以符合消极的认知。管理者会收集员工表现不佳的原因和证据，却没有任何一项联系到管理者自己。

预期的影响

以下是我收集的一些例子。

- 一位经理从一家知名的德国保险公司辞职了，因为她觉得长期以来分配给她的下属业绩都很差，她带领的小组业绩也在不断下滑。她的上级很长一段时间都不接受她的辞呈，尽管她也承认自己对员工的预期不够高。
- 一家药企的员工多年来都没有努力追求高绩效，因为他认为当时的老板没有给他一个真正的机会，企业在被收购以后，他也被“接管”了。当时的情况主要表现在上级对他的忽视及有限的沟通，他没有任何话语权，也接不到具有挑战性的任务，上级经常干预他擅长的领域，并反复强调："在这里，你可以有你的经验，但我有我的责任。"

- 一位经理的上级让他感到很消极，他并不吝啬于对他表达鼓励和期望，但在分配预算的时候，却经常偏爱他人。
- 一位化学实验室的技术员说，她的领导一直试图用"如果你做了X，你将得到Y"的承诺来激励她，这种情况经常发生，以至于她怀疑她的领导是不是在暗示她应该辞职。

利文斯顿向我描述了对美国西海岸银行一家分行经理的效率审计情况。由于高违约率，这家分行发放贷款的权限受到限制，分行经理只能批准"安全"贷款。这导致了商业损失，因为其他竞争机构从中受益，该分行的存款和利润也随之下降。为了扭转这一趋势，他们开始推行廉价信贷并不惜承担极高的风险。这种行为与其说是因为缺乏判断力，不如说是因为总行对他们自尊心的损害。自我实现预言：上级对低绩效的预期导致了贷款业务更大的损失。

对低绩效有预期，就会导致它的实现。如果管理者认为他们的员工表现不佳，他们就会如此。因此，管理者必须清楚地意识到他们自己的预期对员工的影响，并为之负责，最好是与员工一起讨论并共同承担责任，这是走出打击积极性的恶性循环的唯一途径。

如果双方的预期无法达成一致，还是分开比较好。不幸的是，皮格马利翁效应指出："如果管理者需要，每个人都可以取得更大的成就。"这句话并不是总能达到同样的效果。主要原因是心理认知的转变，大多数人对任何形式的不尊重和贬低都非常敏感，一个小小的贬义词，一种微不足道的蔑视的态度，都会被别人长期地记在心上，贬值是没有期限的。

当然，也有些人被定义为管理英雄，管理文献中一次又一次地讲述了他们的事迹，他们仅靠自己（正如书中说到的）就使员工获得了"不可思议的业绩成果"。对此，我一个字都不相信。我反而觉得，在这些故事中，非常理性的行为（例如，克服令人消极的障碍）被某些国家伟大的个人主义形象美化了。我在德国任何一家企业的办公室里都没看到这种管理者的典范。虽然积极思考的理念在某些情况下可能会有帮助，但在我看来，这相当于"酒后的胡话"。管理者只需从魔法帽里拿出对员工积极的预期，员工就会打破阻碍业绩爆发的所有枷锁。可是这种积极的态度来自哪里呢？从心理学的角度来看，管理者的预期主要来自他们对自己的看法、对人员的选择、面对挑战的信念。预期和他们的自我认知有关，对员工业绩的信心来自强大的内心。

管理者对自己的看法也会影响到他们对员工的预期。戈特弗里德·凯勒（Gottfried Keller）写道："人类研究学不是为了欺骗和利用人类，而是为了唤醒他们本具的善，并付诸行动。"这听起来很有道理，但什么是善呢？那正是评估者本身，也就是管理者认为的好与坏。又是自我实现的预言，但这也是整个自我意识运转的方式。

此外，管理者必须在他力所能及的范围内不断地激励员工，因为过高的预期起不到激励员工的作用，这就是心理学家多年来一直在告诉我们的。在我看来，对于每个"普通的"管理者而言，他应该关注低预期给员工带来的挫败感，取消让员工毫无希望的问责机制，充分了解员工的情绪，并做出相应的调整，同时还应该和员工沟通这些问题。

最有影响力的管理者

如果企业需要聘用年轻的员工，我认为有必要采取积极的态度，这也是高绩效的前提条件。因为没有哪个管理者能像第一个主管那样，对年轻人有如此大的影响，他甚至能影响他 / 她未来的职业生涯。如果管理者不能或不愿意以积极的态度对待新来的员工，并鼓励他们发挥自己的能力，他们就会设定低于个人潜力的绩效目标，他们的自我形象也会相应受到影响。对此，一家美国高科技公司 Monolithic Memories 的总裁欧文·费德曼（Irwin Federman）说："个人潜力直接来自我们对自己的认知。也就是说，当我们感觉良好，对自己的评价更高的时候，我们对自己的期望也更高。"

当新员工的第一个领导对他们寄予高度且积极的预期时，也就为他们高绩效、高潜力和成功的职业生涯打下了基础。因为第一个领导的影响力如此之大，所以新员工的第一个主管应该是整个组织里最好的那个！这里的"最好"指的是能明确表达预期并与员工达成共识的人。

如果我们回到之前的出发点，意识到直接上级可能给员工带来巨大的挫败感，那么问题也许就变得合理了：为什么不能阶段性地任命管理人员？即使最复杂的人力资源管理方法也无法事先判断某个人能否胜任管理职责，然而，从长远来看，一个错误的任命可能会给企业带来严重的后果。激励的苦难正在蔓延，对于许多被激励诱导到管理岗位的员工来说，它们带来的消极影响也许会持续很多年。管理失误所带来的隐性成本和间接成本是不可估量的。

由此得出以下三个行事准则。

（1）管理人员的选拔是最重要的管理决策之一，也许是最重要的那一个。

（2）必须定期检验这一决策。

（3）如果没有大的问题，那么这个决策必须是可以修改的。

随之而来的问题是检验标准是什么？有哪些检验的方法？那些“失败”的人该怎么办？实施轮岗体系的难度众所周知，但候选人的质量无疑会得到改善，对领导质量的把控也会更严格。因为这和绩效有关，能否实施这一做法尚有待商榷，但至少会换掉一些完全不称职的管理者，将他们“发配”到企业的边缘，比如担任没什么影响力的早餐主管一职。

归根结底，这是关于企业文化的问题，企业可以赋予员工管理的职能，也可以取消这一职能，并让这种文化成为常态。这样做的好处是就算有人不适合管理职能而被取消资格，他也不会感到羞耻，同时企业也可以为他提供不同的职业机会。这种方法也可以帮助员工洞察自己的动机，因为管理职能通常被赋予高度的吸引力。在几乎不可逆转的决策、僵化的结构和秩序中，这种“智能修复”的方式可以发挥极大的作用。它关注的不是通过奖金制度调动能量和管理团队的管理者，而是那些能创造最高增长率、有决策力、能将计划贯彻落实的人。但鉴于有如此多让人消极的管理者，我认为这种做法的可行性并不高。

问题不在于员工的积极性不高，而是许多管理者的消极行为。在这种情况下，霍斯特·鲁克尔（Horst Rückle）将管理者比作公交车司机："如果他开得不好，员工就会下车，无论他们是精神离职还是离开公司。这对于双方来说，代价都是昂贵的。"

放手而不是去做

在这种情况下，我们需要逆向思考激励问题：**不再是"我应该做些什么（激励性的或其他行为）"而是"我应该避免做什么"**。当管理者感觉他们与员工的关系缺乏活力、信任和开放性的时候，他们对自己角色的理解通常是他们需要"做些什么"。但我们迟早会意识到，之前的过度活跃、干预和操纵，都只会让彼此间的关系更僵化，导致员工出现精神离职。我建议不要多做，而是少做。管理者不应该做阻碍员工积极性的事情，以免阻碍自然的合作关系，最先应该停止的是激励。

医学里最重要的一方面是不使用药方，另一方面是研究帮助多于伤害的药方。放手不仅意味着放弃某种观点（即对员工执行意愿负责），还意味着放弃与之相应的行为。因此，"放手"也意味着放弃一种态度，也就是对所有发生的事物，管理者不用都要"做些什么"。

许多管理者都沉迷于员工"应该"如何的理念，但他们几乎没有意识到，他们有什么权利将自己的标准约束到其他人身上。只是因为他是管理者？“放手”意味着让员工保持自己的个性，不做任何打击他积极性的事情。我们只能接受别人本来的样子，而不是希望的样子，这并不等于不约定和控制业绩。

与初始阶段“疯狂的创造力”形成鲜明对比的是，和好的创新管理一样，现今人们关注的问题是如何能变得更简洁，也可以尝试系统性地对领导力放手。对此有所了解的人会比不停粉饰自己的人表现得更成熟，因为后者只会更傲慢。

学会放手，而不是去做。这对管理者来说是一个不同寻常的视角，企业付他们工资是因为他们的付出，而不是放手。我在一次管理研讨会上遇到了这样的论点：“如果我们的经理们‘放手’太多，我们很快就会出局。”我很理解这样的观点。但所有的优点都会变成缺点，相反，所有的缺点也会变成优点。歌德这样描述惯性思维的模糊性：“理性被当作胡言，善行被当作瘟疫。”我关注的是，管理者要避免打击员工积极性的行为，给员工更多的空间，让他们发展对职业的兴趣、培养工作中的好奇心和挑战自我。对此更多的论述，请阅读后面的内容。

21 发展人才

> 长远来看，有什么样的管理者，就有什么样的员工。

企业通过奖励旅行、奖品、奖金，“激励”员工达成额外的业绩，这已经成为普遍的做法。对此，柏恩德·H. 费德森（Bernd H. Feddersen）提出了一个有趣的问题：“是什么让人参加有奖竞赛？”答案是竞赛本身明显比奖品更重要。这至少给了我们一些启示，要探索事物的本质，而不是现象。

变动的机会

现今的神经学告诉我们，人类的遗传程序仍保留着一个动作电位，以适应在自然环境中进行狩猎，习惯采集者辛勤的生活方式。如此看来，人类上千年的文明发展对人类的进化并没有多少影响。如果没有让我们“变动的机会”，我们也没有机会了解我们解决问题的能力和创造力。

然而，大多数人都无法忍受无聊的工作，他们必须发明问题，克服它，并用这种方式验证自己的能力。在生活中，人们也是一样，制造一出戏剧性的事件：挑起争吵、谋划、破坏，或最常见的将自己的精力投入到抱怨中。他们知道，这不能改变任何状况，但至少不再无聊了。

对此，人们刚开始可能会感到惊讶，但在企业里，人们每天都可以感受到推卸责任、竞争、等级制度和抱怨的小圈子。同样，社会环境中出现越来越多的侵略性行为、足球场内外的“战斗”、年轻人的无力感加剧等现象，以及许多被归类为“精神离职”的情况。“精神离职”的出现可能是因为工作过于舒适和挑战不足，而不是因为承担“沉重的工作”。总之，就是缺少挑战。

- 在公共议题论坛对美国人进行的一项大规模调查中，75% 的人表示，他们可以做的事情远远超过了他们目前的工作。
- 慕尼黑管理学院的一项调查显示：58% 的管理者和 63% 的专家希望在自己的岗位上能更独立地思考和行动。换句话说，他们觉得自己思考的能力没有得到充分的利用。
- 美国的一项研究显示，因“挑战不足”而跳槽的经理人高达 17%。这种人才浪费的代价相当高昂，企业对高素质年轻人才的需求和人才的流失形成鲜明的对比。

- 美国的另一项调研显示，员工技能的利用程度仅为30% ~ 40%。例如，有些企业里的秘书往往不能充分发挥他们的能力。在沃尔夫·戈舍尔（Wolff Göschel）提到的一项调查中，35%被调查的女性认为她们的工作没有挑战性。挑战性不足的比例可能因企业、部门而异，这也取决于年轻人在早期阶段被“赋予”什么样的工作。然而，在我们的研讨会上，常常能听到对挑战性不足的抱怨。

生物化学家和诺贝尔奖得主森特·乔吉（Szent Györgyi）曾说过：“高能力的人也有相应的高需求，就是被充分利用。”挑战不足会让人失去动机，就像身体和精神上过度的需求一样，过低的要求会让人感觉单调，产生对工作的厌烦和不满，紧接着是高缺勤率、人才流失和业绩的下降。在行为学上，挑战对员工潜在能力的激发非常重要，因为不这样做这些能量就会变成抱怨。

发展员工

我们需要的是领导者内在态度的改变：不是“利用”，不是“驱动”，而是为了发挥员工的潜力和拓宽视野，打造有挑战性的

工作内容。这是一个相互发展的过程，管理者和员工都涉及在内。通过这种方式，管理者可以全面地发展员工，不仅仅是激发潜力，还要创造“发现”潜力的条件。它让员工享受到证明自己的快乐，释放自己的主观能动性。

德意志银行前主席阿尔弗雷德·赫尔豪森（Alfred Herrhausen）对人们说：“如果事情不能得偿所愿，也不要灰心。积极发展你自己的个性，就会成功。”管理者可以看看自己在这方面做得够不够好，自己是否能和员工在达成一致的情况下发展并提升员工的能力，这也包括高层施加压力的情况。例如，依照瀑布原则，管理者如果对某一员工的工作不满，首先要和他的上级沟通，而他的上级又不得不传达给这个员工（众所周知的沟通损耗）。员工“幸免于难”，不用承担全部的责任。在这种情况下，对他的呵护超过了要求。按照员工的成熟度，如果员工的上级让领导直接和他沟通，会更能“要求”他：这是一个成长的机会。“如果沟通跨过了上级，就会直接削弱上级的地位”，这种说法在现在看来是不对的。第一，上级可以和员工讨论直接沟通的优势和劣势，从而使其建立起跨级别沟通的意识。第二，上级也可以（也应该）知道跨级别沟通的内容。第三，对于越来越平等的等级制度而言，不会有比直接沟通更有效的方式了。

市场的压力

“员工为什么跳槽？”对于这一问题，沃尔特·约赫曼（Walter Jochmann）在其论文中明确指出，员工跳槽是因为缺乏具有挑战性的项目、培训和晋升的机会，特别是资格较高的管理人员不希望长期在同一领域的工作中安于现状。因此，想要留住管理人才的企业必须系统地提高对员工责任和业绩的要求。

企业正面临管理人才在质量和数量上的短缺，不仅要增强雇主品牌的推广和员工的培训，还要尽量避免招聘和培养继任者的高额成本。所以，长期保留合格的管理人才对于企业尤其重要。

对当今的人才来说，获得新技能和有机会尝试在不同领域发展尤其重要。一些知名企业，如联合利华、可口可乐或宝洁，总能吸引到顶尖的人才，即使没有承诺他们晋升的机会，年轻的人才也会把这些企业视为特别好的培训场所和宝贵的职业基石，保留这些人才也比以往任何时候都更重要。在一个“学习型组织”中接受不断变化、提升的挑战，这就是人才被吸引和保留的秘诀。

不仅是雇主品牌，员工接受的培训越广泛，他们的工作能力也就越强，企业在动荡时期的适应能力也相应地越强，适应能力也就是生存能力。根据“结构服从战略”的原则，一个高度适应性的组织应该具有这样的特点：在拥有多元化的员工的同时，一直保持其结构的流动性、临时性、实验性、创新性。

也就是说，管理者的任务是和员工一起识别、发展个人的才能。因此，管理者在人才发展的过程中起着关键作用。

人才发展不仅仅指培训、辅导和轮岗。管理或参与项目可以提升员工协调和合作的能力及发展创造力；特别的任务可以提升员工解决问题的能力、跨职能部门沟通的能力，以及处理复杂问题的能力；出国外派可以提升员工的灵活度和外语沟通能力。对一些人来说，在人力资源部门担任“兼职培训师”的职能也会有所帮助，这促进了沟通和协作，并创造了员工之间相互学习的氛围。

上述方法都可以增加和扩大员工的业绩。将“激励员工”从管理工作中删除，可能仍是一个大胆的建议。因此，与其在员工的工作积极性上大做文章，倒不如关注员工工作能力的提升。

员工也有责任

对于员工来说，一份有保障的工作、一份可以完全掌控的工作是多么难得，除此之外还有什么好渴求的呢？这虽然不会让人振奋，但如果工作过于沉闷，人就会感觉像被困在一个精心布置的集装箱里！把自己的职业道路视为一种生活方式、一种个人成长方式的员工，不会总是寻找让人“舒服”的管理者，让他能够像个老人一样“生存”。相反，他会寻找那个愿意帮助他冒险的人，挑战他，甚至让他面临失败的可能性，这就是勇敢者的尊严。这是一种放下死板和表面和谐的工作方式。**一个人只有当超越自己设定的狭窄的安全界限，冒着失败的风险（成功的必要条件）时，才会实现个人的成长。**

工作和“生活”一样，意味着不断地认识、改变和更新我们用来欺骗自己生命活力的循规蹈矩的方式。我认为，员工也要对自己的发展负责，并建议他们主动去完成具有挑战性的任务，积极推动发展。

如果员工等待被管理者“发展”，那他可能要等很长时间。因为许多管理者仍然崇尚一种完全过时的自我形象，根据这种自我形象，他们必须能够做好任何事情，而且只要比员工好一点点就足够了。他们活得很累，过着“大厨”一样的生活——因为大厨要亲自做饭！这种戏剧性的方式必须画个句号了，因为工作领域越来越复杂，员工的受教育水平越来越高，跨职能和跨企业的团队（比如项目组）剥夺了管理者“命令”其所谓下属的权力。

经过验证，长期来看，有什么样的管理者，就有什么样的员工。每当我提出“**一个好的管理者会让自己变得多余**”的观点后，总是能听到反对和不理解的声音。我的意思是：管理者不是通过自己的知识，而是通过别人的技术和能力来实现自己的影响力；他尽可能地授权、发展和提升他的员工；在所有的决定中，他总是考虑如何创造发展员工的机会；他尽快培养副手和接班人，这样企业就不必担心他的部门因员工长期休假或更糟糕的情况而陷入混乱。

有些我完全无法理解的情况，比如在闭门会议上，有的管理者一直在接听电话：这样的管理者有不可或缺综合征，他们没有安排好自己的工作，并且忽略了自己工作中最重要的一部分。更可怕的是，他们对企业来说很危险。

致力于“人才发展”能让年轻、有高潜力的年轻人成长，这对于他们来说非常重要。但是，只要我们的绩效评估体系只对工作结果或工作方法评分，却不考虑有能力的员工的发展，或者只是将其视为边缘化的职责，情况就不会有所改变。

22 找到工作的意义

当我们看不到工作的意义的时候，我们就开始谈论动机。

组织心理学家布克哈德·西弗斯（Burkhard Sievers）认为："激励是一种方法，是时代的产物，在大型工业组织中，工作的意义已基本消失，因为工作已经被分割成很小的部分，以至于任何人都很难通过自己的活动、自己生产的部分产品或自己执行的部分任务来了解整个产品、企业、环境和自己的生活。"

过去，人们希望分解工作以提高整体效率。这种观点在 20 世纪上半叶仍然适用，因为当时是由机器支持的手工工作形式。但现今工作职能的日益分散和与之相关的潜能开发已经达到了极限，工作内容的标准化越来越低，即使有，也基本是为了实现自动化。企业无法将员工的能力和职位进行合适的匹配，当个人对整体产品的贡献越来越有限的时候，个人价值就成了"传动装置上的齿轮"。

“无话可说”

现今，员工不再将企业的使命视为共同的事业，而是沉沦于抱团和站队，同时也不乏象征性地拒绝与其他部门的合作，借此来表明自己对外的身份，结果就是出现大量的协调工作、混乱的会议文化和臃肿的管理费用。能量是向内的，而不是面向市场和顾客的。部门之间的对接问题常常让人怀疑行业细分的智慧。

比较有代表性的情景就是在“课堂培训”和“特别工作小组”中，各个行业或各个企业的专家聚集在一起，讨论一个主题或一个共同的任务。我经常觉得，这些专家们在完全不同的企业工作，他们已经形成了高度专业的模式，生活在完全不同的背景下，坚持自己的认知领域，所以几乎不可能对重要且有价值的决定达成共识。的确，有时候企业里不同部门之间“深刻的裂痕”是人为形成的，都是为了不离开自己的舒适区。研发部坚持纯粹的理念，担心他们的工作被市场的需求亵渎，甚至染污；营销部把所有的讨论都压在快速成功的权宜之计上；而销售部则埋怨两者都脱离了现实。具有善意、理解和同理心的沟通方式正在逐渐消失，而且没有任何达成共识的意愿，摩擦和沟通的损耗显而易见。那些没有温度、让人印象深刻的技术术语使身处其中的人明白这里没有“共同语言”。

在这一背景下，人才发展应该更加关注以往不太受重视的话题：提高企业内跨职能部门间的对话能力，让人们开拓视野并互相理解，通过各自的专业开拓共赢的合作。从字面意义上理解，就是专业和技能培训之外的再教育。

规定的乐趣

关于工作职能的研究特别指出，缺乏整体性、挑战不足和自尊心受损是职能细分的副作用，这会导致个人内心的空虚和疏离感。与此同时，随着价值观的变化，人们对工作的需求也发生了变化，工作被视为整体、有意义、有价值且“不可分离”的生活的一部分。人们通过攻击、退缩、逃避、生病、拒绝合作和各种形式的“回报”来保持平衡。个人工作积极性的下降，对所有相关人员来说，都有可以预见的后果。

有人说：“当我们看不到工作意义的时候，我们就开始谈论动机。”这句话说到了点子上：工作的碎片化和随之而来的意义缺失，需要通过激励来弥补。激励官们再次活跃起来，推出了一个又一个有意义的管理措施：从“制订”企业文化（“星期一前给我一个”），为信笺纸设计企业 Logo，到专家委员会“颁布”领导力原则，以及提出“我们为你们感到骄傲”“享受工作的乐趣”这种时尚却可笑的口号。随着工作传统意义的消失，“乐趣”被援引为新的补偿。没有人质疑工作的碎片化在很大程度上破坏了它所带来的乐趣。“乐趣”突然和业绩捆绑在了一起，“乐趣”和“风趣”成为新管理者的个人标志，他们关注的是有趣地工作而不是工作的乐趣。

发现意义

“有意义，才有动机。”现在到处都贴着心理学家维克多·弗兰克尔（Viktor Frankl）的海报。然而，企业提供的只能是预先定义的、专制的、不明确的意义，意义是不能被预设的，只能由每个员工自己来定义。也就是说，谁为之付出，就会看到其中的意义所在。

管理者只能创造条件，让员工自己发现意义（从而帮助实现绩效的最大化）。对于管理者来说，其他的都是自以为是，是一种夸大的管理理念，对不属于他职责范围内的事情负责，比如员工工作的积极性。

曼弗雷德·安东尼（Manfred Antoni）认为，当工作满足以下标准时，会让人满意。

- 知行合一：是否有思考和行动并不重要，重要的是，只有知行合一才能体验到完成任务的乐趣。思考和行动的分离越来越遭到排斥，巨大的满足感往往来自独立或在团队中能够有头有尾地工作。

- 创造性：人们希望通过工作改变自己周围的环境。要做到这一点，就必须满足人们的好奇心，让人们的创意和潜力得以发挥。
- 有效：也就是说，能力应该尽可能有效地被用于绩效的产出。
- 互动：大多数人在工作中寻求与社会接触的机会，他们希望被关注，寻求交流与合作。
- 有意义：意义来自外界的认可和对社会的贡献，这样的工作就是“为了他人”而做的，也就是说，工作的对象和所带来的利益必须被员工个人所认可。人不仅想创造价值，还希望有意义。因此，管理层的任务是创造条件，让员工通过工作实现自我的价值。

劳动科学的研究结果表明，无视整体的工作概念，会使人感到不满、厌烦、挑战不足，简言之，这会导致积极性下降，因此需要讨论什么是“正确的”管理方式和“正确的”激励。信息学教授赫伯特·库比切克（Herbert Kubicek）认为：“在官僚和机械化的管控下，无论员工的技术被培养得多么精湛、娴熟，组织结构、管理机制和工作内容都能破坏他们的积极性和认同感。”因此，管理层的一个重要任务就是重建员工的积极性，让他们找到工作的意义。

金钱不是万能的

我们经常能听到一句话：“如果工资给到位，业绩肯定会更好！”人们普遍认为金钱可以让员工为之投入地工作，为了得到超过平均水平的工资，员工需要完成超过平均水平的业绩。与之相反，近年来的许多研究一致表明，有能力并持续表现出色的员工，他们不单单为了钱而工作，而是把工作作为实现价值的经历。

当然，工资要符合标准。但是，积极性、创造性和主动性是买不来的。管理层必须打造一个让员工自己点燃激情的工作环境，“让这些变为可能”。领导者不应该是“实现者”，而应该是“推动者”。

用错误的方法永远无法真正解决问题，哪怕是一次次地分配工作，或者用金钱或其他“激励方法”弥补承担缺少目标和意义的工作的员工。管理者应该分配的是和企业整体业绩明确相关且具有完整性的工作，甚至可以结构性地下放权力。例如，企业家克里斯蒂安·德雷格（Christian Draeger）在对德海格（Dräger）工厂实行的“伙伴关系的领导”理念中，学徒们在初期阶段就被赋予大量的责任。有人对此质疑："责任是不能下放的！"戈尔特斯（GORE-TEX）公司的实践经验是，谁为工作付出（就是对某事负责并信守承诺），谁就同时承担了决定权和责任。

还有一个边缘现象：员工希望"向上"展示自己的项目和工作成果，但"更优秀"的管理者却没有授权给他，也没有把他视为推动发展的人，而是用"别人的羽毛"来装饰自己。如果把这些因素考虑进来，我们就不得不重新思考"同事"这个词。

让员工好好地完成工作

有些管理者可能会在脑海中重新思考工作安排，试图弥补其中的"意义"缺失。当然，这是有用的，而且很有必要。但是"意义"不等同于"提供诱饵"，"意义"是非常个人的成就，必须由个人自己寻找。于尔根·哈贝马斯（Jürgen Habermas）提到了一个核心的观点："意义不能被塑造。"正如书中经常提到的一样，向员工"解释"工作的意义不会有什么帮助。同样，不加区分地把工作的价值灌输给所有的员工也是有问题的。对一些员工来说，工作上各方面都一视同仁的方式，并不会提升他们对工作的满意度。比如，有些员工并不会因为缺少社交，而影响工作的积极性。

在对宝马领导力文化的反思和讨论的过程中，人们回归到一个传统的概念：通过“完成”“结束”和“有意义”来完整地描述“工作”。这个概念可以作进一步的提升：“管理层的特殊任务就是……让员工感觉自己很好地完成了一项工作。”这对我来说还远远不够，这种描述有一定的模糊性，况且其暗含一种捐赠者的态度，狡猾地通过操纵的方式，让员工产生这种“感觉”，而不是真正地创造各种条件，让员工好好地“完成工作”。

满足这一愿景的可能性条件包括提供可重塑的职业选择和透明化的职业路径，根据管理者的表现和倾向进行战略性的分阶段部署，认可不同的职业方向，并将它们平等分类，而不是说只有管理层才能有更高的工资和声望。简言之，企业应该给员工提供多样的职业发展机会。因为自我实现不是“自我”在“实现”之前就已经存在了，而是通过行动和不断地尝试才能实现。

当个人甚至整个小组都参与到工作流程、组织和环境的设计中时，就会产生很好的效果。试问一下：“在职场上，是什么阻碍了你的热情？我们如何能支持你更好地完成工作？你想要什么？”虽然不是所有的想法都能被实现，但创意总是无穷尽的。

23 保护自由空间

人们想要的不过是有选择的空间。

“你是为了生活而工作，还是为了工作而生活？”如果参与研讨会的人有机会表明态度，他们通常会选择第一个答案。在讨论中，工作时间往往被认为是由外部控制的、非个人化的时间，是“被买断的”（工作越“痛苦”，相应的补偿越高）。

尤其让员工感到消极的是缺少空间而导致的业绩不佳。之后，员工的精力就会从工作转移到个人生活，“为了”的心态也会转变：为了生活而工作。

近年来的实证研究表明，这种现象并不代表员工懒惰、疲劳或缺乏积极性，而是对受限工作的“合理”适应（也是对改革“人力资源制度”的挑战）。特别重要的是，要认识到**许多人缺乏积极性不是因为新的价值观更关注于闲暇时间，而是因为他们不能在工作中充分发挥自己的能力，所以才转移精力。**社会研究也证实了人们利用闲暇时间“补偿性地实现价值”。

但现实情况也并不完全相同。猎头行业的趋势显示：越来越多的高管拒绝那些吸引人的、有声望的职位，反而选择更自由、可以自己决定方向的工作。“第二种选择”以一种意想不到的方式更具吸引力。追求事业，不代表不惜任何代价。一位在大企业里非常有前景的高管，把这个机会抛到了九霄云外，他说：“金笼子里的高管？对我来说，那不是生活，而是苟延残喘。”这就是为什么企业面临的压力越来越大，要告别官僚主义的规章制度，并在各个层级让人在承担责任的同时拥有更多的自由。这样才能吸引最优秀的人才，并保留住他们。

把工作当成生活

不同的研究一次又一次地证明：人们想要的不过是有选择的空间。然而德国所有关于“在工作中感到自由和独立”的调研结果都有明显下降的趋势。根据卢茨·冯·罗森斯蒂尔（Lutz von Rosenstiels）的一项研究，只有 54% 的受访者认为他们可以在自己的工作领域有做决定的权利。在很大程度上，自我发展的价值观解释了工作满意度的下降。对大多数人来说，职场上自我发展的空间与行动和决策的自由度有关，那些缺乏这种自由的人对他们工作的满意度明显较低。如果一个员工不断地被上级“控制”，又怎会对一项事业充满热情？

这一趋势和我通过访谈得到的结果一致，和年长的员工相比，尤其是 40 岁以下的年轻员工认为缺少自由会让人失去动力。这些年轻的员工相对受过更好、更广泛的教育，而且特别重要的是非常具有个性化；他们不再像以往那样明确区分工作领域和闲暇领域；他们期望在工作中获得更多的机会，让自己全部的个性得以发挥；希望被认真对待、被包容；他们希望通过自己的能力安排工作，并自主地采取行动；把工作当成生活，这就是他们想要的，也是工作的乐趣所在。正如现代工业文明比旧的国民经济更具开放性，今天的员工也需要自我发展的空间。

现在的企业就像游轮，它滑行的轨迹长达数千千米，就像企业组织结构的发展几乎没有跟上社会发展的步伐。**工作上过度的职责划分在某些情况下是有帮助的，但却使职场变得枯燥、机械、有规律，这就会失去吸引力，缺少热情和鼓舞人心的活力。越界并不普遍，“庄园保卫”工作耗费了大量的精力，企业员工之间经常“内卷”**。员工必须停留在他 / 她自己的盒子里，即“保卫领土”。其他人也在保卫自己的领土，机会就这样被重重的围栏隔绝了。

施密特寻找小施密特

除此之外，管理层一致认为不能选拔不符合他们定义的好员工，尤其是和他们不一样的人。这方面最好的例子就是**人才选拔**

中的“施密特寻找小施密特”综合征：合格的“候选人”应该是像我这样的人，但是要稍微弱一些。

在个人生活中被认为特别值得追求的特质，比如个性的、花哨的、独特的，但也是自主的、有血有肉的（人），在企业中仍很少被需要，因为这似乎会危及组织的稳定。尽管创新正变得越来越重要，而且几乎全部来自外部不拘一格的人才，但这些人却很少受到那些自认为是局内人的人的喜欢。这些先驱者往往要克服多年的阻力，在这期间，他们被称为幻想家、执着的人、先知，有时甚至被称为引火烧身的人。但企业里的等级制度认可的是遵循、守规矩的基本原则。瑞士企业家布兰科·韦斯（Branco Weiss）在苏黎世的一个管理研讨会上说：“创新，意味着对所有人都能看到的事情尽可能地进行不同的思考。”

不服从管理的伪装

事实上，“自由空间”和“组织”在概念上似乎是相互排斥的。对此，组织心理学家冷静地分析后认为，组织中的人应该是“可替代的”和“有弹性的”。可替代性是指员工必须变得可预测、可规划和可控制。这和“有限的自主权利”有关还是和“有纪律性的想象力”有关？有弹性是指员工必须有适应性和可控性。这意味着他们也一定是“可激励的”！

另外，著名的管理理论家已经指出，许多企业在实行线性组织结构的同时，也存在着类似于自我组织的非正式文化。我经常在办公室里听到一句话：“我们虽然没有任何回旋的余地，但我们还是有自己的方法。”的确，许多企业似乎只能这样才能运作。命令不被遵守或不被完全遵守，改进措施被纳入计划却不被讨论。模糊性、矛盾性、被利用的监管机制组成一种微观“政治”、一种建设性的不服从管理的伪装。宝马的领导力原则在这方面有一个很好的提示：不仅要执行上级的决策，而且要“聪明地执行”。

寻找环境

我们都为之工作的唯一组织叫作“我”。然而，企业很少提

供环境让员工在实现“我”的同时快乐地工作。管理者并不知道快乐工作的员工会有机会实现以自我决定、自我安排和自我管理的方式工作，从而完成最伟大的冒险，即了解自己的个性，并通过学习超越自己的极限。

一位商学院的年轻毕业生的职位申请的标题是“为我的动力寻找游乐场”。这正是关键所在：寻找一个能点燃激情的环境，并让个人的价值得以发挥。因此，领导力意味着为员工创造机会，发挥他/她的主观能动性，实现自我的价值。这种“发展个性”的工作在大多数企业里仍未得到足够的重视。我们需要的企业制度不界定“意义”，允许个人寻找自己的发展路径，没有企业哲学的悲怆和企业标识的绝唱；不是极权主义的宏大愿景，而是让个人在工作中成长；不是顺从或尼伯龙根式的忠诚，发展必须是合作的最高准则。

自由空间

在这里“自由空间”是一个“耀眼”的、广义的词汇，意味着以下几个方面的内容。

（1）员工有在职责范围内选择和决策的自由；可以通过不同的方式完成工作；可以在流程、方法、实施过程及时间计划上做出选择。

（2）企业可以通过取消不必要的准则、制度和规定，放松对工作的管制程度。

（3）员工有时间进行独立和创造性的活动。

（4）员工有机会基于感兴趣的内容，参加超出职责范围的任务或项目。

（5）企业定期开展必要的培训。

“人可以在盒子里生活，但不会在盒子里成长。”这句关于狭隘的组织框架思维的描述来自 3M 公司的经理卢·莱尔（Lew Lehr）。众所周知，这家公司给予他们的研究人员高达 25% 的时间，让他们自由发挥做实验的乐趣，这也是他们动力的“游乐场”。

超越界限

作为反例，我想起了一家英国电子公司的故事。被收购公司的德国籍总经理将一些组织性的事务交给英国的母公司总经理管理，多年来，在这两家公司和他们的管理者之间形成了一种协商一致的分工，他们之间有很好的互补性，也从对方的工作领域中接管了部分任务。在双方都同意的情况下，这种做法已经顺利地运行了很多年。然而，新上任的总经理来自“监察”部门，系统理论家的箴言“越自由，越有秩序”很难说服他。他要求停止这种跨职能的协作，并要求做出“清晰”的职责描述和划分“明确”的界限。于是前两位总经理的合作成了历史。正如前文中的论证：人们只会“阻碍”绩效的获得，比如限制绩效获得的可能性。

这里我们要讨论的核心问题是，很多企业缺乏由员工自由支配的空间，也就是没有权力的下放。“禁闭”是自由空间的反面，自由空间让组织不那么可控、可操纵、可管理，人也无法被驾驭，换句话说就是“不可激励”。员工应该有一定的权力，至少是在自己工作范围内的权力。所有的成就感都和界限的消失有关，我们可以超越界限。有时候，请求原谅比请求允许更容易。

个人 / 商业目标

乐于参与也意味着有选择的自由，每个人都可以成为赢家。这不是说要自我决定和控制，而是要避免打消积极性。每个人都需要找到对他们个人有价值的工作，否则他们就已经向精神离职迈近了一步。他们要有高度的选择自由和自我管控空间。那些想要赚钱的人，必须先贡献个人的价值，通过为企业创造商业上的成功实现个人的成功，然后再通过商业上的成功……

“最优秀和最聪明的人会被能够实现个人目标的企业吸引。”这是奈斯比特·阿伯丁（Naisbit Aburdene）在《企业革命十大指导原则》一书中阐述的第一个指导原则。也就是说，企业应该为每个员工的智慧、创造力和热情提供空间，以便企业在国际竞争中生存。正如克雷尔·奥特曼（Krell Ortmann）指出的一样，组织从员工的“主观能动性过剩”中获益。事实正是如此！人之所以是重要的生产要素，正是因为他们自发的，不可操控、不可编程的行动。**成功之道就是管理者和员工在目标上达成真正的共识，然后在行动上给予员工自由。**

恶性循环

由于自由度低，员工很快就会陷入失败的恶性循环。如果他没有选择的余地（包括难度、流程、资源的利用、工作环境、工作时间等方面），就无法把成功完成任务归功于自己的能力。他知道，只要按照要求的做，就百分之百会成功，他被分配这样的工作，通常是因为上级或管理层对他的业绩评价不高。成功地完成任务并不能加强员工的积极形象，也很难形成基于“自我”成就的尊严，这继而会让员工再次被分配到要求不高的任务。

独立负责的工作形式可以调动所有员工的学习能力，从而提高企业的适应性和生存能力，进而推动创新，形成竞争优势，这在工业社会的一些企业里已经颇受认可，比如一些大学和大企业会在某些领域保证这种自由度。然而，统计结果表明，在我们的企业里，赋予个人决策的自由太少了。

未来的企业，应该提供更多让人自由选择的机会，只有这样才能鼓舞人心，让所有的参与者共创辉煌。这对管理层意味着什么呢？

去除规章制度

领导力意味着不断检验组织的以下三个特点：

- 灵活性；
- 流畅性；
- 变化性。

这些特点有它的时效性，需要不断地检验它们是否阻碍或促进了能量的自由流动，这就是基本原则。

基于现实情况，对于管理层而言，首先可以谨慎地去除规章制度。企业对规章制度和准则的要求越严，管理者就越耗费精力。绩效行为的规则越多，按最低要求完成业绩的趋势就越明显。这样一来，在各种要求下，员工的灵活性和创造性被打压，不会产生有效的业绩，同时他们的积极性也会被打压。因为规则是对秩序的要求，而不是连贯性。

然而，在我们的企业里，人们却试图通过一些神秘仪式祈求

“内部创业”。与此同时，他们规定、组织、命令、整顿、净化，为“管理者”牺牲一切。

检查和报告需要如此密集吗？所有的研究都表明，对于销售人员来说，作为真正的区域经理，职业自主权是他们最大的财富。但他们正逐步变成僵化的销售“公务员”。在许多企业，营业额可能不再是最重要的事情，而是正确完成每日的报告（没有人看），正确遵守与客户接触的最低次数（无论结果如何），费尽心思地准备报销明细，以及在各方面听从上级的意见。**这不是做正确的事，而是正确地做事，这是对企业里一切生命力的摧毁。**

长期以来，员工一直坚持每个星期40/39/38……个小时的工作时间，尤其在家庭和工作的冲突中，许多员工对家庭的愧疚只会影响工作的积极性。顽固地坚持不灵活的固定工时，与家庭生活节奏不协调的单调的工作模式，以及通过工作时间来衡量生产力、混淆努力和结果的绩效评估体系，会让我们越来越难找到愿意为工作牺牲的优秀人才。现在，大多数企业已经意识到了这一点。那些认为企业制度对家庭不太友好和包容的员工对工作压力的抱怨更多，更经常地逃避工作，对自己职位的满意度也更低。很多企业都在建立企业幼儿园，并提供新的工时模式，让员工在兼职工作、共享办公和不定期的弹性工作之间进行选择。罗杰斯（Rodgers）指出，对于许多员工而言，兼职不一定是半天的工作，也许是每星期四天或30小时的工作。在争夺人才的战斗中，想要保持竞争力的企业必须改变传统的规则，给员工更多选择的机会。

必须有着装规范（尽管是非正式的）吗？一个知名演员，是数百万人的榜样，却因为穿马丁靴、戴耳钉而不能成为工厂里的生产组长。在银行和保险业，所有的员工都需要统一着装。难怪在许多人眼里，标准却空洞的外表更符合行业标准。

有必要花费巨大的精力制订一套高度复杂的旅行费用准则吗？差旅住宿标准是150欧元每天还是250欧元每天？有必要确保出差人员在出差期间打给家里的电话不能超过5分钟吗？有必要不断地检查商务宴请开销账单，只是为了找出那5%的害群之马，并对其他95%的人进行更严格的监督和管理吗？巴西最大的制造商塞式公司（Semco S/A）的总裁里卡多·塞姆勒（Ricardo Semler）问道："如果我们不能把钱交给别人，不能依靠他们的判断力，我们为什么要把他们派到世界各地去代表我们谈生意？"

团队成员为什么不能在早上开始工作时就当天的工作内容达成共识？另外，被很多人认为是先进的"弹性工作制"，也是以量化的工作"时间"为参考，并在过程中不自觉地破坏了自我安排、自我控制和结果导向的思维。这样一来，一些企业就形成了一种忙于打卡的文化，用加班而不是有质量的结果来衡量业绩。

当然，员工需要完成狭义上的工作任务，但问题是总是需要以同样的方式完成吗？以管理者认为对的唯一正确的方式？泰勒指出从来没有一个“最好的方法”，把重点放在结果而不是过程上，不是更好吗？衡量工作方法难道不是一种过时的泰勒主义商业观吗？这样一来，领导力不是指我直接领导 X 先生或 Y 女士，而是指我提供一个空间，让 X 先生和 Y 女士可以在他们自己的职责范围内一起工作，他们以自己认为正确的方式达成共识，并完成目标。**“没有领导的领导”这个词在各种矛盾中令人困惑，却是真正有效的。**

释放能量

在这部分内容中，领导力依旧意味着“让”和“做”。允许能量不受阻碍地流动，允许个人的创业精神得到突破，但也要拆除封锁、阻碍和吸收能量的阻塞物。减少规则，促进流畅性，这样可以冲洗企业的能量通道。我们需要的是一种“放松的流畅性”，不需要那些服从上级命令的员工，而是需要有智慧、开放地面对批评和愿意承担风险的人为企业服务。为此，他们的热情和开拓精神需要一定的空间来自由地“呼吸空气”。

当我反对规则的时候，我并不是要求全部废除它们，而是要对这些规则定期进行审查，以确保它们有意义。正式的规则决不是禁忌，但它们真的有效吗？有没有不必要的副作用呢？里卡多·塞姆勒写道："众所周知，没有哪个大企业可以在没有规则的情况下运行；但大家也都知道，大多数规则都是无稽之谈，它们很少能解决真正的问题，相反大多数不重要的规则，规定了只有最愚昧的人才能想出来的东西。"除此之外，规则有可能会打击员工的积极性。规则是人们商定的临时的行为准则，其中的大多数是危机的产物，但这种暂时性却被遗忘了。如果规则妨碍了人们在正确的时间做正确的事，那规则也可以被人为地改变。有些规则是为了"激励"（所以也源自危机），但却常常被认为是"骚扰"。

案例

我经历过这样一件事情，在一家美国化工巨头的德国子公司里，有关销售人员的激励策略打击了员工的积极性，原因可能是有限的选择方式或过时的思维方式。该公司按传统惯例为员工设计了配车制度，车辆发动机的大小与职位级别挂钩，以期望激励销售人员不仅为了晋升到管理层，而且为了体验更大、更豪华的汽车性能，更有面子而努力。

想出这种激励策略的企业得到了应得的结果。对销售人员来说，等级制度和相应的配车制度永远不可能真正合理。销售人员要挤在没有空调的车厢里，奔波几百千米去谈业务，而住在离总部也许只有 10 分钟路程的行政经理们却享受着舒适的豪华车。

从企业成本的角度考虑，销售人员的级别不够配置一辆中上等的汽车，只有少量的高管可以，这也是对企业最经济的方式。但现在没有人会幻想企业能按照理性的方式来经营。情况还不是一样：经过一番折腾，汽车被分配给了少数经理人，他们认为销售人员要付出多年的努力才能提升业绩，必须在待遇上加以区分！当然，销售人员并没有忽视这个决定，并开始激烈地争论，人为制造的稀缺引发了销售会议上的老问题——配车。

怀疑论者认为企业一直以来都是这么做的。可以理解，但不应该总是这样，衡量标准应该针对市场、客户或内部合作，而不是对企业有没有贡献。上面的例子中，企业做出的决定忽视了内部声音。配车制度本应该激励销售人员，事实上却打击了他们的积极性。

为什么不能让员工（更）自由地选择，并根据业绩的贡献衡量呢？提出这个问题，并不是要倡导某种浪漫形式的平等，而是要坚决一次次地核查并纠正和级别相关的规章制度、规则和条例，避免这些制度打击员工的积极性、抑制他们创造业绩的潜力。

为人打造适合的工作

缺乏自由有时候是某种特殊授权造成的，就像上级让员工从指定的采石场寻找某一种石头，之后自己再去打磨。但悲哀的是，员工却在另外一个采石场里找石头！

领导力在这里意味着要克服狭隘的、限制性的条条框框，打破边界！新的提议不再被视为违反纪律而被指责。按照职位描述招人的难度（职位描述经常被误解为对“人”的描述，但人却因为不能完全符合“工作”要求而不被重视）反映了重要的问题：对于“为工作寻找合适的人”，我们还能坚持多久？因为主观判断，我们错过了多少优秀的候选人？“为人打造适合的工作”不是更有意义吗？也就是说，**企业应该设计非常个性化的工作，为员工提供灵活的空间，并让员工以非常“个人”的方式融入企业，让员工个人的目标得以实现。**

遗憾的是，管理者往往把新员工的融入过程理解为一个简单的适应过程，他们很少将“天真的”、对业务尚不了解的新员工给企业带来的反思加以利用。因此，应该鼓励新员工为自己未来的工作内容和工作环境提出建议，毕竟提建议的目的是培养积极主动、有责任感的员工，不是吗？

当然：**自由的空间也是有界限的空间。**在这些空间内，员工应该有选择的自由。我再强调一次，员工必须完成狭义上的本职工作。管理者是否应该考虑，让员工更频繁地参与到自己喜欢的项目中去。市场的日益动荡创造了很多机会，允许并支持能量的流动，这就是领导力，它能打破盒子思维产生的负面影响。

放下“领导力包袱”

过去很多经理人都给自己背上了沉重的“领导力包袱”，很多人想实现“完美”经理的理想，把一切都“控制”起来，这延缓了员工的发展。除此之外，管理制度和人事制度已经相当复杂，连专家也很难评判。沉迷于系统和控制，扼杀了组织的生命力。事实上，从员工的自由中获益最多的恰恰是管理者本人。

放手的程度当然要根据个人和具体情况进行调整。自由空间从来都是相对的，但很多管理者对它的态度往往过于谨慎，甚至是悲观的，我个人认为没有必要。然而不管在什么情况下，如果员工的自由空间越来越少，那一定是因为管理者的干预，他忘记了保护员工的自由空间本应该是自己的责任。在此，我们得出一个关于领导力的不同观点：**如果有什么事情必须要“做”，那就是不再承担激励员工的责任，而是承担保护员工自由空间的责任。**

强制性参考

管理者应在尽量广泛协商一致的基础上，将以下观点应用到企业的决策上——做出这样的决定，能让员工的自由空间比之前更大。

尽管在管理者日常繁忙的工作中，实现这个目标不太容易，也不会有这么纯粹的形式，所以更谨慎而现实的标准是“做出这样的决定，不会让员工的自由空间比之前的更小”。然而，有智慧的领导方式应该是这样的：“意识到这个决定对员工自由空间的影响，并计算一下员工和你间接地要为此付出的代价。”这种代价对两者而言可能都非常高。因此，

动机是非常个人的事情，给予它空间却是管理层的责任。

卡尔·雅思贝尔斯（Karl Jaspers）认为：“一个人的价值，只能通过自己做的事情来实现。”所以，需要认真看待备受推崇的“公司里的企业家精神”，这意味着创造自由空间，也包括行动的自由，消除打击积极性的规则和禁锢员工发展的壁垒；意味着创造流畅性和增加选择。事实上，连希腊神话中的诸神都是通过寻找乐趣才最终成功的。所以，我们需要一种企业文化，其认可员

工并提供机会，让他在自己的空间里承担责任。之后，他就可以自己处理一些事情，并完全“融入其中”，他会全心全意地为自己的工作负责。热情？是的，但只奉献给自己的工作，因为他只对自己的事业充满热情。其他的都是幻觉，都是“激励的迷思”。

要鼓励员工说：“这是我的事。”同时，这也是对员工自我责任感的一种呼吁，要注意每个管理者也是下属。虽然员工失去了一定的安全感，企业的未来也变得更加不可预测，但现在人们可以也必须对自己的职业发展负责，包括对企业、职位的选择和工作中的自由空间负责。如今，没有人能等待事情会自己变得更好、更公平、更自由，自由空间是不能被预设的，只能被征服，因为它不存在的地方都可以成为自由空间。几乎没有企业会主动给予个人所需要的自由空间，只能个人自己去努力争取。

24 维护自尊，尊重需求

> 职场中最常见的错误就是无视人的尊严。

在我们的组织中，人们常常被当作孩子，而不是成年人。在工作之外，员工是投票支持或反对社区管理项目、组织体育俱乐部、组建家庭、教育孩子及每天为未来做决定的男人或女人。但是，当企业的大门在他们身后关闭的那一刻，他们就把自己作为成年人的人生交给了守门人。也可以这么说，他们被企业降级为青少年，而他们却任由其发生，接受成为被奖励、表扬、威胁、惩罚的青少年。他们自愿受到限制，只能在窄小的、标准化的范围内自我管控，接受徽章、身份标识、排队、打卡，接受没有人理解的规章制度，接受毫无例外的规则、着装规范，接受按级别划分的出差标准、权限。职场中最常见的错误就是无视人的尊严，这一点几乎没人注意，因为我们早就已经习以为常。

在我写下这些想法和经验的过程中，我越来越清楚，我对激励的批判是围绕着企业里这种同质化、贬低和降级的后果进行的，而领导力的概念则是围绕着自尊、自重和尊严展开的。我已经描述过贬值的后果，但什么是自尊?

乍一看，自尊可能是一个抽象的概念，但它却不言自明。许多人和它“保持距离”，害怕它受伤后的悲怆。它看起来不太适合放在一本给管理人员阅读的书里，但在我们的内心深处，它却非常具体、实在，值得管理人员关注。

按照苏利文原则（1977 年初步制定的企业行为规范原则），自尊是非常具体的，像地震仪一样，探测我们交流过程中所有的评判，也就是敏感地感知所有能感知到的信息，并无意识地加以记录。它永远在觉察，哪怕在最隐蔽的互动中，也能发现别人对我们的重视、评价或不屑。

自尊比打造自我形象还要重要。自我形象就是用各种身份的道具装饰自己，然后把自己想象成那个样子。自尊更多的是对失败的恐惧和对成功的渴望，渴望骄傲地从每一个“缝隙”中听到掌声。自尊的内涵超出了让自己成功的“自信”，它指的不仅仅是一个人的能力、兴趣、意见、感觉和需求，尽管它们都可以用来填补“自我形象”。

自尊是否受个人成长经历的影响，也就是个人对它的感知是多还是少，还有待讨论。有一点是肯定的：它可以被摧毁，这种摧毁等同于自我放弃。几乎可以肯定的是，人们以不同的方式感知到自己的自尊。别人对我们的丝毫评判，都会被感知到，尤其是心理学效应里的“贬值”，也就是质疑、无视、俯视、忽视、不信任。

自尊很重要！在我看来，这几乎是所有动机的真正来源，它是人们对所有事物完全认同的前提条件，它会在行动和决策中、自我决定和选择中变得具体。因此，贬值（即忽视自尊）是所有动机不足的根源，本应该有的动机退化了，成就的喜悦消失殆尽。

扎在身上的一根刺

激励代表了一种贬值的意义：

“我不相信你会自愿付出最大的努力，所以我必须激励你。”

“你不是一个严肃的、值得信赖的合作伙伴。”

“你不会设定现实的目标并遵守协议。”

“你应该被奖惩激励，这样我就能更容易地指导你。”

激励就像扎在身上的一根刺，很伤人。最开始没有好坏之分，但却有其后果，即激励巧妙又有效地破坏了员工的自尊。激励越是体系化，破坏也就越彻底。越是“成功”而有针对性的激励体系，就越是精准无误地破坏整个体系最初的设计目的，一步一步地用巧妙的手段和体系化的渗透，扼杀了初衷，最终事与愿违。

众所周知，激励被特别系统地用于销售人员，他们也是激励专家们最喜欢的目标群体。《华尔街日报》写道：超过 50% 的销售人员因为自信心不足而失败。有谁会对此感到疑惑？有谁会想到在自信心的背景下，徒劳无益的激励被勾勒得如此鲜明？有谁会对奖金、奖励、表扬和斥责，以及心理上的优势训练已经把销售人员改造的像孩子般顺从这件事而感到惊讶？有谁会惊讶让“动机”备受折磨的所有手段都破坏了销售人员的“自尊”？有谁会惊讶那些被欺骗和诱导的人，也会反过来欺骗企业？在管理层的护佑下，他们只需要再多走一步——对企业使用同样的手段，这已经得到心理学上明确的验证。有谁会因对自由选择的任意限制和对罕见观点的冷嘲热讽而感到惊讶呢？

无论是有意识的还是无意识的感知，在这里都不是问题，因为自尊的内在传感器在任何情况下都会有反应。罗伯特·德布雷（Robert Debré）指出："一切都有记忆……人的感知会自动存储，而且永远不会忘记任何事情。"自尊心也能感受到激励游戏千头万绪的内在逻辑，它用赞美、奖励和积极的一面假装增强自尊心——赞美是十分有效的！奖励应该是支持自尊的！奖金本来就代表了"好东西"！

依赖性

贬值的核心在于更深层次，它作用于人们的自我选择驱动力，因此，核心在于每个人——如果有人能激励我，他们也能使我失去动机。这样，整个世界都可以决定我的生活质量，我把权力交给别人，让他们来控制我的自尊心；如果我尝到了甜头，就会感觉很好，如果没有，就会感觉很差。如果是这样，我为什么要这样对自己？

如果人过度依赖一样东西，就很容易失去平衡。所谓的平衡，就是动机和自尊心。这对企业不利，而且后果相当严重。他们寻找可以被激励的员工，却事与愿违地得到消极的员工。由于

企业文化建立在不信任的基础之上，所以“久病的员工”只能一直打“激励的点滴”。即使经验告诉我们不能信任员工，但它的作用只能是打击员工的积极性，结果就是让员工毫无意义地工作，没有目标、自由空间和选择的机会，这就让员工的自尊毫无“存在感”。

不恰当的激励会造成贬值。企业可以建立在各种基础上，但不能建立在贬值之上，就像建在流沙上一样，越是激励，就越会陷入消极。但是，如果员工对我们的企业、盈利水平和市场上的竞争地位至关重要，那他们就是有自我意识和活生生的人，是有自尊心的人，是合作伙伴。企业不能把不信任的刺扎在他们心里，不能在提倡自由的同时，把自我驱动的决定权从他们手中夺走。为什么不可以？你可以，但有其后果。一个不存在信任感且十分消极的组织，一种被猜疑染污的企业文化会让成本大大增加，企业不仅要关注可见的因素，更要关注那些不可见的因素。

与人打交道

企业必须做出决定，是要创造更多让人上瘾的激励方法，还是为员工打造一个可以生活和体验的环境：

- 建立公正的组织结构；

- 委任令人信任和信任他人的领导；
- 发展并认真对待员工。

自尊心和与人打交道的方式有关，它能感觉到对方是否“看得起”它，而这绝不是指通过操纵或诱导把员工变成“可驱动”的对象。这首先意味着尊重他/她的存在，认真对待他/她的主体性，并将他/她视为一个完整的个体。

对管理者来说，首先要改变态度：愿意感知、认真对待、接受他人的情绪，也接受任何形式和表现的波动。这种态度不仅和人的表现及创造的价值有关，更重要的是关注人。必须充分理解认真对待自己和他人意味着什么，也就是撇开激励性的干预，关心消极的情绪，允许紧张和放松的交替存在，认识到紧张和放松的一体两面。

然而企业的领导层很容易只关注员工对企业目标的贡献，却不关注他们个人。这可能导致员工迈向精神离职，因为每个人为了加强自尊都在寻找能让自己发展的任务。站在对方的立场反向思考往往要困难得多，如果没有落到实处，“以人为本”、加强企业“文化”意识、“员工是我们最重要的资本”，这些都不过是喊喊口号而已。

如果企业决定认真对待员工，那么很多员工就会自动走出贬值的阴影，拥有新的视野。对领导层来说，这意味着员工必须自己做出决定：是选择自我发展的职业路径，还是选择继续在激励的楼梯上爬行，他必须在自尊的坚守和激励的幽灵中做出选择。

彼得·斯洛特迪克说过："有幽灵统治的地方，心理学的时代就开始了。"无论描述得有多好，人们对激励仍有一种不安的感觉，担心成为齿轮的润滑油。管理者越是使用激励的方法，员工就越是从心理学的武器库中武装自己，在相互欺骗中，领导力成为一场精明人的竞赛。有人会认为心理学没有解决问题，事实上，它加深了问题，因为它更好地掩饰了问题，通过贬值的手段达到目的。

制造"毒品"的管理者只会把领导力当成一种工具性的方法，虽然内心没有完全接受，但为了在实操层面上更好地发挥作用，也会技术性地把它纳入自己的管理工具中。也许他会用同样操纵的态度，"建立"员工的自尊，"给予"他们尊严和自我决定的意识。于是，他陷入了领导力的怪圈，用自己掌握的方法破坏了其原本的目的，却在内心把这些方法误认为是有效的管理伎俩（希望他的员工能够开诚布公地告诉他），最终只能适得其反。领导"技巧"就像支持性的绷带，让管理者在内心的不适中暂时保持"更成功"的假象，他可以"认真对待"员工，但无法坚持太久。员工能明显地感觉到管理者是真正接受他们本来的个性，还是只希望他们按照预设的方式工作而已。如果管理者没有感知、认真对待和接受员工的个性，那他们就不是管理者，也没有权利去管理。

和自己打交道

我们需要将自尊和他人的尊严放在心上、认真对待并尊重他人的领导力，尤其要面对自己。我们要抵制猖獗的犬儒主义，这种犬儒主义在面对洞察、失望和毫无期望的时候，只会露出不解的微笑。成群结队的管理者成了犬儒主义的爪牙，这不过是另外一种自我贬低而已，他们不再把自己当回事，假装深谙世故、超然物外，告别了理想主义的浮华。这也可以看作他们的一种自保方式，过去的价值观和现实之间的差距太大，对现实没有任何幻想，他们通过穿西装打领带来装扮自己，把这当作尊严不可逾越的最后一道堡垒。在消逝的渴望和掩埋着梦想的墓地上，围绕着一种忧郁。自我轻蔑形成了一种力量，它伪装成了经验和知识。虽然人们有洞察力，但很少主动自我审视。除了用敏锐的洞察力分析事物，他们没有其他事情可做，这种犬儒主义的代价就是自我贬低，即失去自尊，压抑自己换取“利益”。

这种犬儒主义在企业中的表现有：通过不容置否的“同意”进行剥削；彼此轻视的组织结构；为了图省事而破坏活力；接受

不可改变的东西；潜伏在眼皮子底下的不信任；为了获得利益放弃精神追求。

我对这一点深信不疑：一个人能付出的最大的代价就是失去尊严。**但是现今没有什么可以夺走一个人的尊严，只能是这个人自己允许这样的情况发生，他自己要对此负责。**能从他身上夺走尊严的，不是什么巨大的、戏剧性的牺牲，而是许多微小的自我贬低，而这种自我贬低正适用于激励体系。他依赖激励和此起彼伏的表扬，依赖诱人的奖励和让人上瘾的赞美，这些都是依赖领导力的“毒品”，所有这些都是因为不信任、缺乏信心和重视。之后，他让别人来决定他的生活质量，让自己成为他人利益的玩物，不再操控自己人生的方向盘，而是让别人来驾驭。同时他又想知道，为什么自己被人从一个角落扔到了另一个角落。

自我激励

德国动画片《巴洛·蒙西豪森的大冒险》最短也是最有趣的一集就是巴洛·蒙西豪森男爵用自己的头发把自己和马拉出沼泽的那一集。

这个让人摸不着头脑的画面引出了一个问题：什么是“自我激励”？

自我激励不代表用内部驱动取代外部驱动，不代表对“外部”责任的道德呼吁，不代表通过积极的自我暗示把灰色的现实染成粉红色。它不需要采取积极思考的方法，不需要夸大其词。相反，它是对人类选择自由的洞察，我选择了现在的一切，我也可以选择离开它，并承担相应的后果。这种选择的自由是自尊的来源，这意味着：停止抱怨那些我不喜欢的行为；改变生活状态，并为之负责；接受生活的起伏，并将其作为自己学习的机会；改变内在的态度，接受业绩的波动是人之常情，接受任何人或事不可能永远“保持领先”。因此，自我激励只能对自己的动机和工作积极性负责，是一种“内在”的观点。基于此视角，企业可以去投资员工选择的自由和自我承诺，或投资于各种新式“毒品”。

人类不是独立的，但是自由的，他们可以自由选择想要的生活和工作。因此，每个人所在的赛场，都是他自己选择的。原则上，如果随之而来的压力束缚了这种选择的自由，他随时可以放弃。有些企业把自我驱动的责任留给员工自己，更尊重员工的内在需求，员工可以感受到被尊重的感觉。这种选择是相互的。

25　金融危机的启示

可行的和不可行的

有谁不想为无法理解的现象找到答案呢？有谁没有尝试过了解人生的运势，也就是命运——既定的、与生俱来的事情？为什么这种情况会发生在我身上，我们身上，他们身上？在过去，答案总是很单调，那就是上帝。人们会这样想：如果失败，那是上帝在惩罚我；如果早亡，那是上帝的旨意；如果我是幸运的，那是上帝在怜悯我。当然，这些也取决于上帝是否真的在积极地干预世间的生活。

尼采说过一句名言："上帝已死。"这句话标志着腐朽时代的落幕和现代化的开始。但新时代马上出现了人事上的问题，谁来填补上帝的空缺？谁能接替他？谁在"创造"命运？而候选人只能是那些不是上帝的人类。因此，"上帝的死"迫使人们自己动手解决问题，他们也确实如此，用最形象的词描述就是"很有力量"，并有了成功的经验。如今，一切都是可行的，一切都可以而且必须改变，改变就是改善。环境是人自己创造的，可以被人改善，也必须被不断地改善。尼采在一篇文章中写道："我们要在我们的国家，用道德取代自私，用正直取代名声，用原则取代惯例，用责任取代礼数，用理性的威力取代流行的暴政，用轻视恶习取代轻视灾殃，用自豪取代傲慢，用心灵的崇高取代虚荣，用热爱光荣取代热爱金钱，用善良的人们取代逞私的小集团。"

现代社会将公民规则提上了日程。自 19 世纪以来，国家理念将治理国家的领域扩大到个人生活领域。这种理念不是基于人们的现状，而是基于他们应该成为的样子，改造人民和理想主义成了不容置疑的社会样本。

对人类意志的破坏和改造应该是为了所有人的幸福，用别人的意志取代自己的意志，这也是历史上成功"激励"的概念，是人们试图治理别人的方式，也是敦促人们自我管理的方式。人们通过战略、策略和技巧，把别人改造成他们希望的样子。

但这种自我管理也有它的隐患。我们无法控制一切，例如，我们没有一个绝对的开始，没有人是从零开始的：我们出生在特定的环境中，出生在历史和传说中，出生在文化中，出生在语言中。如果有人和我一样，在过去的半个世纪里一直在欧洲中部接受教育，那他一定是个基督徒，不管他是否愿意，哪怕他不需要为此去教堂，也不需要遵守教义，更不需要相信任何超体验的东西。我们所有的文化都被基督教所淹没，这是注定的，我们没有支配它的权利，我们无法逃避。奥多·马卡德（Odo Marquard）在《未来需要起源》一书中写道：“不必如此激进，因为‘未来也是有起源的’。”没有人能完全脱离他的过去，而且一直和本源相连。但这种连接不会破坏我们未来的可能性，反而会打开我们发展的路径，而且它清楚地界定了我们自我责任的范围，与此同时，它也限制了我们合理做事的尺度。归根结底，短暂的生命向我们发出了呼唤：对上帝来说，一切都是可能的，但对我们人类来说不是这样。

当我们对人类活动的后果加以观察时，这一点就更现实了。戈特弗里德·本恩（Gottfried Benn）也不认为坏人就一定是好人的反面。每个人都知道动机和结果之间的区别，往往是好心办坏事。世界上有多少次伟大的改革变成了一场灾难？有多少次计划好的事情却以失败告终？哪种胜利是不折不扣的胜利？在发展过程中，所有的干预措施都有意外的长期影响和副作用，至少在某种程度上抵消了预期的目标，有时甚至会破坏它。结果往往越管控，就越是与自然和历史的规律背道而驰。

这是让人失望的结果。当到处都在喊“一切皆有可能”的口号时，带着这种失望生活是不容易的。我们应该如何面对呢？一种可能性是我们改写故事，否定过去，至少让现在看起来比较温暖。或者，我们找个借口，重要的是，找个替罪羊。现今当事情出错时，人们不再归咎于上帝、命运、坏运气或其他不可避免的事情，当然也不是我们自己的错误；相反，是人，也就是别人，是我们的对手阻碍了事情朝好的方向发展。

造成计划和现实之间的差异、应该被指责的人，要么是不愿意学习的人，要么是银行，要么是全球化，要么是资本主义，要么是经济周期。与此同时，还有对再教育、改造、改革、安全、补偿和保障的呼声。人们要求政府机构纠正不好的政策，这样社会最终就会变好，再次幻想一切皆有可能。

如果你在读到本部分最后几行的时候想到了金融危机或经济危机，那么恭喜你，你是对的。

从金融危机或经济危机中得到的启示

理解经济中的相互关系并不容易。人们有时需要考虑到细枝末节，需要将目的和效果、短期和长期加以区分。一旦人们不理解某件事，他们就会依靠直觉去做事，不存在的事就不可能被实现。在金融危机或经济危机中，批评者开辟了一条隧道，让人看到不同的诠释。比如，人们一致认为贪婪和利己主义是罪魁祸首，还有银行家要对金融危机负责。这些看法都是对的，也是错的。不道德的行为并没有触及商业文化的核心，而贪婪在任何时候都存在，也是人类实现繁荣的一个重要动力。是否一定要把这种力量称为贪婪或追名逐利，只不过是语言表达的问题。

按照上述逻辑，企业可以通过对人格的要求来改善未来。也就是说，不再通过管理业绩，而是通过对员工道德的区分来改善企业的业绩。这样的呼吁能否被听到？很难说。

这并不是一个很好的理由：没有什么比评判别人道德堕落更能掩盖自己的自私。每个从业者都知道，为了维护企业的利益，他们有时必须采取与崇高的原则相悖的手段。经理人在决策、竞争和危机中经受历练，在这种情况下，他们不知道结果是什么，无论是自然灾害还是银行破产。那么银行家能做什么呢？他当然知道产品的假象，但如果他不向客户提供这种高收益的产品目录，他就会被炒鱿鱼。这是贪婪吗？许多银行家只是不想在与同事的比较中，显得太糟。不理解这个道理的人，可以对我进行反驳。

道德教化也有几个好处。首先，人们可以把问题外化，把它从自己身上推开，毕竟如前所述，贪婪的总是其他人。其次，人们不需要行动，并且可以保持被动，你可以用手指着所有人去警告他们，最终你却无能为力，那些参与者往往不会让世界更好，而是借机推动官僚主义，并从中获益。最终，人们不得不将危机的深层原因归结为其他原因，比如人类的狂妄。

把蛋糕烤“小”一点，让事件自行发展，让事情的可行性慢慢展现，这还不够有雄心。“市场缺陷”也不足以解释背后的原因，因为这也是被利益驱动的一种观点，它忽视了管控和实施过程中复杂的形式：政治干预，不利的热点事件，特权，被高估的科研结果，缺乏监管思维，最重要的是，好的出发点往往带来坏的结果。而政治和商业中制订的计划毕竟总是出于善意的。

与此同时，华尔街的金融危机已经变为主权债务危机，其诱因、主要影响和副作用，以及金融体系、经济和政治体之间的相互关系都得到了广泛的分析和讨论。因此，我认为政策失误是这种危机的一个主要原因，当然这并不是为华尔街和银行开脱。它们在结构上处于下游，股市疯涨不是它们造成的，是政府在金融市场的监管、监督、审计、报告和风险评估方面的失误造成的虚假繁荣。所有的参与者都被一个决定性的因素捆绑在一起，即对可行性的狂热，一种夸张的乐观主义，相信股票可以一直上涨，相信没有低谷的山脉，让人们忘记了不可避免的周期性。正如德国哲学家彼得·斯洛特迪克所说，一切都处于“达摩克利斯之剑”之下。

如果对危机的结果加以观察，我们就会发现危机是激励微观调控的结果，其无意的（但可预测的）副作用会导致进一步的干预，这给了干预者选择如何调控的机会，他希望通过激励的手段让事情朝他希望的方向发展，并认为这是可取的。这种干预迫使别人做出一些他们平时不会做的事，失去了理性，并用控制者的理性取代了自己的理性。这也让那些想逃避控制的人采取各种规避策略，还有那些不想摆脱统治的人，为自己的委曲求全付出代价。

政治领域和经济领域经常发生与愿望背道而驰的事。令人惊讶的是政客们的自以为是，他们没有制定监管机制，并履行监管职责，却指责市场或银行家。当他们通过微观调控拉动经济而造成危机的时候，就用另一种微观调控来化解。

我们知道，危机的深层原因可以在对领导力的理解中找到，批评者必须承担举证的责任。这种理解假定了理想的社会条件和通过激励控制的可行性。这些都忽略了时间跨度和副作用的影响，即人类行为的腐败。本书阐述的观点可以用金融危机或经济危机的案例作为参考。同时，科学界也在广泛讨论“道德危机”，其可以解释为“道德的下滑”或“没想到会这么差”。

正如金融家约翰·劳（John Law）曾说过的那样，现在的危机是“非常规催生出来的想法，会在繁荣时期严重衰落”的一种体现。

26 无诱惑的薪酬管理纲要

管理者的薪酬正是造成金融危机的因素之一。奖金文化虽既不是危机的主要原因，也不是危机的导火索，但它很有“吸引力”。然而重点不是收入水平，而是奖励机制所产生的行为激励。在过去，这些都是“错误的”，甚至是“反常的”，它只对个人利益起作用。

金融危机揭示了干预主义的失败，却完全没有影响到它的支持者。他们并不把这归咎于“可行性”的意识形态，而是相信可以通过改进干预措施来修复造成的损害。因此，大多数关于薪酬制度的改进建议仍停留在激励的范畴。

这在咨询行业也许行得通，因为咨询顾问总能把一种方法从一个行业应用到另一个行业。好的咨询顾问价格很高，但并不是所有价格高的都好，因为一件事是对还是错，取决于出发点，而不是事情本身。但激励机制再次“走错”方向的概率有多高？谁能保证下一个激励者不会出错？众所周知，受监管影响的利益集团试图通过激励扩大它们的影响，我们还能指望它们建立一种正确的激励体系吗？

从逻辑上来看，评估一个决定的所有后果是不可能的。按监管的方式，我们可以推断出对内外部市场干预的结果。但在现实中我们只有事后回过头来看，才能了解故意干预造成的后果。有时候善是从恶中产生的，没有恶也就没有善。这就是自由的学习方式，与之相反的是极权的学习方式，它总是喜欢防患于未然。

这里主张的观点是不要让人的理性和初衷被金钱扭曲。这种观点认为，应该尊重人的本来面目，而不是人应该的样子；它希望建立一个尽可能“无诱惑”的机制，因为制订每个规则的过程中无一例外会产生适应性的行为。如果不想陷入行动主义，不想只在奖励的逻辑中思考，那么记住企业管理的基本原则就非常重要。因为**没有实践的理论是空洞的，没有理论的实践是盲目的。**

关于薪酬的基本思考

管理理论忽略了现实情况，没有认识到企业环境的不同，以及传统、成熟度、起源、地区的不同等。它不分青红皂白地给小企业、大企业、公共管理部门和非营利组织提供同样的理念。它的座右铭是“一刀切”。它并不知道，即使在所谓的强势企业文化中（如 3M、通用、惠普、戈尔），也不可能有共同的价值观，至少比其案例中想要说明的少得多。事实上，不只是企业文化，还有领导力，尤其是薪酬制度。黄金法则只有一条，就是没有黄金法则。如果有，我建议不要去参考。

与传统连接

薪酬体系的设计不能脱离企业的管理文化。传统、现有的人力资源体系和管理人员的成熟度发挥着重要作用，当然还有集体谈判，包括竞争。瑞银在 2009 年大幅削减了奖金预算，这是当年唯一这样做的企业，结果导致拥有专业知识和客户的整个团队离开了公司。你必须能很好地解释企业里的这种变化，解释的责任在变革者身上！由于这个原因，薪酬体系不能简单地从一个企业应用到另一个企业，无视企业文化的薪酬制度将会失败。你无法改变一切，必须配合，尊重传统。有时，打破规章制度的一角就足够了。如果你不介意我反教条主义的教条主义，那么下文介绍的一切举措都要符合你企业的传统背景。

没有整齐划一的制度

在关于薪酬制度的讨论中，有一种对整齐划一制度的英雄式渴求。在对公平和正义的渴望中，无论多么微小的特例，都会被周到地纳入薪酬体系。但每一种体系，包括薪酬体系，都是一种智力上的“罪恶”。对于特例，人们从来就没有公正地对待过，在这里“归档”，在那里“刨根问底”，推来推去，留下许多没有被注意到的东西。想在字面和系统上实现客观、透明和可比性，就像在追求一个无法实现的理想一样。另外，如果每个人对它的理解不同，那就不会存在公正——既不存在程序上的公正（根据哪个程序确定工资水平），也不存在分配上的公正（每个人的份额有多高）。对薪酬公正性的要求肯定会得到很多支持，但作为一个纲领性的空洞框架，它并没有解决任何方法论的问题。这甚至不是公正问题，而是协议问题。每个企业都必须对所有项目、部门和人员问题提供不同的解决方案，努力做到公正，即使是这样，也已经很困难了。每个人都觉得自己的业绩比别人好，这种心理也是管理中的老生常谈了。

最接近理想的不是一个体系，而是可以自由谈判的工资，至少是可以有自由的空间。为什么只在合作关系开始时谈判工资呢，定期谈判（例如每年或每两年）可能更有效。这种方式可以把压力从钱的问题上移开，使人们把心思放在手头的任务上，并定时审查双方之间的公平度，审视付出和收获是否仍保持平衡。如果你问员工“你想赚多少钱”，同时宣布定期对商定的工资进行共同的审查，根据我的经验，员工会表现得非常现实。让你的员工对自己的工资负责！

在我们的企业里，自由谈判工资是不切实际的，至少对大多数企业是这样。员工将不得不接受这样一个事实：没有一个系统能够没有缺点、公正地对待员工付出的努力。他们不得不处理多少有些混杂的系统，这个系统只能代表大多数人最重要的意愿，在方法上融合并平衡各种需求和利益。这里，你会一次次地看到那些价值标准对特别受到重视或被无视的员工产生激励或打击的效果。消极的技术人员在每碗汤里都能找到头发，最顽固的反对者却是那些永不妥协的人。

在这里，我们可以借鉴医学上最重要的基本原则：薪酬体系应尽可能地减少伤害。这条低调的基本原则（“你不希望别人对你做……”），比积极的要求（“你希望别人对你做……”）更不容易失败。有时候，什么都不做或少做，效果会更好。

基本的金钱法则

让我们简单地回顾一下激励的基本结构，好引入无诱惑薪酬制度的基本原则。“做这个，你就会得到那个！”这会马上将人的注意力集中在“那个”而不是“这个”上。如果你想避免这种绕弯弯，基本的薪酬制度是一种负责任的、积极的领导文化。

> 支付给员工公平合理的报酬，然后尽你所能让他们忘记钱的事。

最重要的是后面的这句，就是要确保你的员工关注他们的工作，关注客户，关注企业的长期利益，而不是在每一个行动之后关注自己的钱包。只有这样，他们才会对工作质量和结果负责。薪酬体系能为此做出什么贡献？

固定工资

企业的核心任务是降低交易成本。因此，在制订任何内部流程的时候（目标协议、预算规划），必须证明增加交易成本的合理性。违反这个原则，就会被市场淘汰，尤其在动荡的年代和市场环境下。令人惊讶的是，尽管在这种背景下，许多企业仍坚定不移地执行之前的市场规划。

越简单越好

流程越精细，就越消耗员工的精力。在企业内部，能量消耗会流向工资，用于应对各种操纵策略（“我怎样才能获得最多的奖金？”），类似于德国的税收制度的作用。这样的薪酬体系需要员工展示完成业绩的能力，优化的是员工的自我推销能力，而不是商业机会。它可能面临以下问题。

- 规则越详细，就越容易被规避。

- 支付体系越复杂，就越容易被利用。
- 钱与绩效结果的关系越密切，损失就越大。

高度复杂、包含众多因素的薪酬体系，有时需要强大的数学技能做支撑，这为开发这一体系的人创造了很多就业机会。这很荒唐，因为开发复杂的金融工具会导致数十亿资金被浪费；现在，管理者却想用复杂的薪酬体系来回避这种情况。

这也适用于新的、改进的薪酬体系：几乎所有的提议都会引发官僚主义和关于“正确”标准的无休止的争议。

如果想在薪酬问题上给予股东更多的控制权，那么出于竞争的原因，可以不公布与战略相关的详细薪酬结构。

如果想让员工忘记金钱，专注于他们的工作和做出符合实际情况（不一定是计划中）的决定，就需要一个尽可能简单的薪酬体系。

高比例的固定工资可以满足这一要求。固定工资象征着明确的协议、付出与收获的平衡。作为收入，这笔钱是安全的。**固定工资为员工设定了一个有形的框架，可以围绕工资进行谈判，并使工作中的决策和自己的钱包无关。**

一个反对意见是，高比例的固定工资会导致“公务员式”的工作，基本收入过高也会导致高额的固定成本，并减少企业的灵活性，这一点非常重要，特别是在经济不景气的时候。事实上，企业在经济好的时候提高固定工资的压力也很大，并增加了困难时期解雇员工的风险。

另一个反对意见是，每年调整固定工资，承认每个人的功劳，事实上这不就是在支付隐性奖金吗？在我看来，不是这样的，因为工资的调整是无法计算的，是基于全公司业绩做出的调整。而奖金也早已具备了固定工资的属性。

有些人认为，如果企业没有设置高额奖金，就无法从人才市场上吸引人才，他们忘记了，领导层的任务就是为企业引进人才。他应该问自己：我想吸引哪些人？我想保留哪些人？**奖金吸引了那些为钱而工作的人，而固定工资吸引了那些关心工作的人。**

如果考虑到固定工资和可变工资的数额，我们就会再次想到金融危机。银行家们解释，他们的极端思维在一定程度上是由钱驱使的。相关的研究也证明了这种结果：**太多的钱会让人分心，让人紧张。奖金越高，紧张程度就越高，对于工作的分心程度也越高，业绩就越低，这个结果让每个经济学家都感到绝望。**但这只适用于某些情况，主要是具有高度认知类的工作。如果只是为了提高体能，绩效奖励就不会有那么大的反作用。金钱引发的压力主要会阻碍精神上的表现。**也就是说：一项工作对认知的要求**

越高，固定工资的占比就应该越高。所以，如果固定工资至少占总薪酬的三分之二，就不会有问题。

我认为，为了让人们忘记金钱，薪酬体系应该尽可能得简单。而且，在困难和特殊情况下，它也可以有效地应用，并且不需要经常调整。高比例的固定工资有利于实现这一目标。阿尔伯特·爱因斯坦（Albert Einstein）曾说过，人应该把事情变得简单到不能再简单的程度。

什么是“好的、公平的”工资

让我们来了解一下“好的、公平的”工资是什么样的。首先，我们来看“好的”是什么意思？根据我的经验，参加薪酬调研会比较有帮助。将你所在企业的薪酬与同行业、规模相似、同地区的其他企业的薪酬进行比较，不要比较工作的头衔，而是工作内容。X 公司的部门主管与 Y 公司的部门主管肯定不一样。先将市场工资分成三个等级，再把薪酬定位在市场三分之二的位置。这是最有利于能量流动和避免过度束缚的市场定位，它足够高，可以吸引人才，但又不会高到员工因为钱而留在企业不走。如果企业的薪酬远远高于市场水平，企业保留的是那些业绩不佳的员工，因为他们在其他企业无法拿到这么高的工资。

那些认为股东应该对管理者的工资有发言权的人，误判了他们的利益：他们担心的不是工资太高，而是太低。

那什么是“公平”呢？收入是否公平需要考虑以下四个要素。

第一个要素是工作价值，这通常和等级制度相关。目前，最大的问题是，在企业里，工作价值总是按级别排列的，但随着企业结构的灵活化，也可能会出现第二种反向的评估标准，虽然对大多数体系来说，这非常难以实现。

第二个要素是供求关系。一份工作的市场价值取决于劳动力市场的供求关系。如果只有十个人可以提供所需的服务，那么这个变量的权重就很高，这可能会导致员工的收入高于管理者的收入。随着劳动力市场的发展，这就不再是一种特殊的情况。企业会通过高薪雇用一个非常合格的员工来解决一个特定的任务，但不会承诺长期的利益。我所知道的大多数企业都没有为此做好准备。当经济形势导致供应过剩时，许多企业倾向于压低新员工的市场价值，即“低价购买”员工。这不是个聪明的做法，而是短视的做法，因为新员工很快就会意识到，他的工资比老员工的工资低。他会觉得自己被骗了，并每天“报复”一点点。

第三个要素是资历，这也是一个“棘手的”标准。年轻而且好胜的一派已经迫不及待地要颠覆论资排辈的传统了。过去，大多数企业都存在纯粹的“资历”制度，人们喜欢慢慢地熬资历，时间长了，资历自然就高了。如果一个员工在企业工作了很长时间，那么资历带给他/她的好处要远远高于业绩。

如果一个组织不认可员工的资历，就要承担一定的风险和缺陷，在这样的组织中找不到复杂合作关系所需要的信任。我越来越怀疑年轻人跳槽时的职业目标是否和企业的目标一致，还是为了实现自己功利性的目的。相比之下，一些老员工在动荡时期的沉着冷静起到了重要的作用。我绝不是在提倡推崇绝对化的资历，虽然直到现在日本仍然是这样（在某种程度上），但迫使员工越来越早地离开企业的普遍做法，却没有站得住脚的理由。现在在越来越多的企业里已经找不到60岁以上的老人了，这是一种反常现象。如果有可比性，工资的公平性也要考虑到年龄。

第四个要素是“业绩”，现在可以引出可变薪酬的概念了。

可变薪酬

问什么问题，能得到可变薪酬这个答案？这是让人困惑的地方，因为几乎没有人能说明设计可变薪酬的目的是什么，之所以这样做，是因为几乎每个人都这样做，而且它是现代化的薪酬设计理念，听起来有点创业的意思。但这一概念却存在很多不清楚的地方：哪些原则应该包括在可变薪酬的设计里？通过可变薪酬能否提高员工的积极性？企业想（主动地）控制绩效，还是（被动地）奖励和惩罚工作结果？变量部分是否支持甚至取代了领导层？如果可变收入“与绩效有关”，那什么是“绩效”？是相对绩效、绝对绩效、具体结果还是一定要成功？区别在哪呢？如何衡量？谁来做这件事？是否考虑过长期后果？企业是否想让薪酬总额周期性地变动来影响成本？我们是不是什么都想要？

基于绩效的可变收入已经成为抢夺资源的战场，共赢是不存在的。因此，我们只能从根本上解决问题。

将金钱和动机脱钩

薪酬制度仍然受制于短视的激励机制。人们希望根据“座右铭”购买“动机”：“做这个，你就会得到那个。”这产生了意想不到的副作用，比如信贷人员的奖金和他们批准的信贷额度挂钩，而不管贷款的质量如何。如果对我们所有人来说，后果不那么严重，大家还可以对此一笑置之。不，真正的后果在更深层次。因为人是自由的生物，如果一个行动在他看来是合理的，他就去做；如果在他看来是不合理的，他就不做。金钱激励破坏了以职责为导向的组织效益，取而代之的是以设定的利益为导向。它让人做出非自然的扭曲行为（“道德风险”），这样人们就不会做看似客观合理的事情，而是做外在激励促使他们去做的事情。长期来看，它会促使人们为自己的每一个行动计算钱包的收入。

科学研究表明，世界上没有任何一项研究可以证明激励制度能永久地提高绩效。

没有“真正”的激励，每种激励都会破坏人的自然理性，被个人利益驱使。至少在国家直接干预企业的薪酬制度后，我们可以观察到这一点。

通过钱来激励管理者（更好地）工作，几乎不起作用。在管理方面，薪酬制度主要是为了将企业所有者和管理者的利益捆绑在一起，让他们向同一个方向发展。但任何研究都无法表明管理层的薪酬和企业业绩之间存在明显的联系。

有一点对于实践者来说是最重要的，将“金钱”和“动机”这两个机制脱钩。经过前文的论述，这一点并不令人惊讶。你可以谈钱，也可以谈动机，但不要把这两者混在一起。如果认为通过钱就可以解决动机问题，就会导致上述不良后果。最重要的是，不要让软弱的管理者通过“激活”金钱体系来保持被动。

当然，我所建议的脱钩只能在有限的范围内。无论何种形式的薪酬制度，都会产生激励的作用。它会吸引某些人进步，也会让某些人望而却步，因为这些人会考虑自己将要付出的代价。那些高薪招来的人，他们工作的主要目的是将自己的收入最大化，他们的喜悦不会持续太久。那些为钱而来的人，也会为钱而去。

控制个人业绩

速度经济被看作当前经济的标志。速度对于创新、生产、物流和上架都越来越重要。术语“上市时间”解决了这个问题，快者吃慢者。然而，现在的管理实践并没有跟上市场增长的速度。例如，目标协议这一管理手段是20世纪50年代发明的，尽管它有明显的滞后性，但仍被认为是现代的管理工具。如果一个员工在采取行动之前先查看他的目标协议，他就不会迅速采取行动。相反，企业可以批判性地检查阻碍能量的机制来提高速度。

1. 以人为本的绩效管理

一个基本问题：管理绩效是谁的责任？收入的“自动化”差异至少被赋予了一部分控制业绩的功能。然而，过去几年的调查表明，激励不能承担绩效管理的任务，必须由人来负责，也就是管理人员，只有他们能衡量员工的业绩表现，能对市场变化做出快速反应；能让目标管理真正有意义，即聚集资源，并使其服务于当前的要求。因此，在速度经济中，需要将以人为本的领导力重新引入组织。企业在制订薪酬体系时，必须考虑到这一点。

在本书提出的论调下，通过自我调节的激励机制来引导绩效是错误的，这无法解决问题。绩效管理是管理层的事，如果一个员工长期以来表现得不尽如人意，就需要在企业里找到一个能让这个员工有成就感的职位，让他能够发挥自己的长处，所以，管理者需要解决的是人员配置的问题，克扣员工的奖金并不能解决问题。因为缺乏勇气、人和岗位的不匹配和人员选择上的疏忽是造成困难的真正原因，所以通过薪酬体系来解决是完全不合适的。

如果一个员工长期以来表现出的潜力高于目前职位的要求，就必须为他寻找一份能发挥这种潜力的工作，否则他将会失去动机。只给他钱，无法解决他个人发展的问题。所以，企业应该及时做出反应，解决工作安排的问题！

2. 绩效的概念——越模糊，越有效

绩效的含义包罗万象，也是所有决策中最重要的一部分。如果我们诉诸物理学 ，功是力与距离的乘积，这个道理在职场上也一样适用。绩效概念的开放性在于，其他事情也可以算作绩效，比如合适的行为、典型的企业文化。

如果你问什么是绩效，你通常会得到血、汗水和眼泪之类的描述，这似乎太局限。你真的想澄清绩效是什么意思吗？你是指绝对的业绩还是相对的业绩？你用什么尺度来衡量呢？你需要考虑到员工的工作积极性、工作能力，以及最重要的个人和工作机会之间的相互关系。可以提倡将员工的工资和个人绩效挂钩吗？

它的标准要考虑到个人的潜力（进步），还要考虑到实现业绩的基本条件。作为管理者，你也需要意识到你对员工表现的影响。再重申一次：你想把这种复杂性客观化吗？有可能吗？

我想在这里介绍一个可能对所有管理者都有用的启发性想法。

绩效的概念是模糊的，在这种模糊性中蕴含着它的有效性！

当管理者评估员工的表现，并对员工的工资进行相应的调整时，如果是基于纯粹的主观标准，对于大多数员工都不是问题。但是如果员工要求客观和公正，管理者就会在压力下对绩效概念进行剖析、数字化、量化，那么他就会陷入一种无解的分析困境，因为根本无法解释清楚绩效的概念到底是什么。

换句话说，绩效的概念越明确，绩效评估系统的结果区别就越大，这个系统就越不适用。换个角度来说，也就是以“乡绅”的方式调整工资，正对应了绩效的模糊性。作为前提条件，提供一定范围的调整是有帮助的，但不是要提高薪酬决策的透明度，而是要降低透明度。尤其是当把目标协议系统和工资系统联系在一起的时候，这很常见，虽然在评估过程中会受到大量的干预。员工是这么考虑的：“如果我带来三袋米的业绩，我将能得到四袋米的加薪。”

在这种情况下，企业会面临巨大的风险，也就是员工完全遵守目标协议。为了避免薪酬上的不利因素，他们只专注于既定的目标，忽视了不可预见的商业机会、其他领域的合作，执行任务的灵活性下降。总而言之，这凸显了绩效概念的狭隘性，根本无法公正地反映企业的现实。如果将绩效考核与工资制度挂钩，只谈钱，不谈业绩，结果就是会出现一种有条件的谈判，其不再围绕创造业绩、合作和推广的过程进行讨论，而是利益分配。

目标协议有助于集聚能量、创造业绩，对于评估是否完成目标，倒是次要的。当你谈论绩效的时候，你对完成的过程感兴趣，你会考虑到不属于员工责任的影响因素，你会谈论员工的发展，并将自己视为员工绩效过程的一部分，这样你才真的承担起了管理的责任。这样一来，与目标的偏差就不是错误，而会指向进一步的行动、合作和个人发展。指责员工没有达成目标是没有意义的。

如果你想让目标协议有效，那么就应该尽可能少地商定目标（最多三个），并让该系统与工资系统脱钩。虽然目标实现的程度会影响管理者对工资的调整，但恰恰是在不透明的情况下，才有了实际优势，只有盲目“飞行”的人才会承认所谓的客观性损失。

在一次研讨会上，我邀请一家公司的经理带上他们的目标协议，然后在小组中讨论——如果他们的目标都实现，会发生什么。在15分钟的讨论后，结果已经很清楚了：整个公司将溃败。员工为公司的贡献范围远比目标协议涵盖的范围要广得多，因为员工会自愿做很多额外的工作，仍有许多员工坚定不移地忠于他们所在的公司。那些在协议里没有明确提到的绩效，也会被奖励，这种忠诚度必须被打破——如果有的员工一贯态度友好，他的同事和其他人都喜欢与他共事，这也算是一种绩效吗？

根据不明确的、主观的标准来调整工资，现代社会不允许这样的方式出现。这意味着随意或新封建主义！没有什么比自信的主观性更具权威了，这种态度是这样表达的："我就是这样认为的，我就是这样评价的，我就这样。"没有什么比这种态度更符合人性了。无论如何，没有人能摆脱对员工绩效主观性的评价，无论他们用什么样的标准、系统和管理方法，都是假象。那些想抵抗假象的人，最终会被由人组成的企业"清洗"，并被机器所取代。

虽然你也对自我调节的激励系统持怀疑态度，但管理者总是对解释有垄断权。他必须根据员工的业绩加以区分，并在讨论中加以说明。员工收入的差异化应该由管理者负责吗？我对这个问题的回答是"是"。自我调节的激励系统限制了绩效的概念，强调量化目标，这种过于简化的方式在企业管理过程中是非常不切实际的。如果想让目标协议起作用，管理者就必须加强沟通。

然而，如果想把绩效评估和薪酬体系对接，那么至少要将绩效的概念模糊化处理，并忘掉精打细算的薪酬体系！三个评估类别就足够了——表现不好、表现正常、表现优秀，然后让管理者在预算中留出足够的余地。

所有的评估体系往往只展示常年优秀的员工。平均主义、缺乏勇气、缺乏认真负责的态度及滥用绩效评估来操纵工资，都只会让结果雪上加霜，这会导致真正基于绩效结果的差异化工资制度的缺失，因为分蛋糕的人太多了。所以，长此以往，表现优秀的员工拿到的工资并不比平均工资高。

我记得有一个案例，一家公司的绩效评估的结果显示，三分之二的人“表现优秀”，三分之一的人“表现正常”。我让该公司的 7 位经理对同一组员工进行评价，他们用了 10 分钟对 110 名员工进行排名，但结果却是颠倒的：只有三分之一的人仍是“表现优秀”。

3. 评估而不是测量

绩效的可测量性是个神话，哪怕再研究几十年也无法实现这个神话。早期的评估优先以内部贡献值为标准，随着市场的变革，现在需要考虑外部导向和质量的优化，这凸显了绩效评估的问题。我如何衡量客户满意度？如何衡量优化的标准？是考虑灵活性，还是沟通效果？

即使是传统的、可量化的绩效，也不是现实中能测量的，这是绩效评估的门槛问题。众所周知，其暗箱操作的空间很大。通过这种方式，有人可以创造假的业绩，从绩效评估和薪酬体系的直接关联中获益。

你可能会反对："但98%的预测是可观的！"真的吗？我们可以从不同的角度加以讨论："基于市场情况，98%的结果是很出色的表现"或者"比预测低2%"；"我们必须改进我们的'滚动预测'机制"或者"计划没有变化快，预测不准是正常的"。针对98%的结果，出现了四个评级。数字不会说话，但我们会替数字说话，即使是数字，也会受到主观解释的影响，更不用说那些对企业的贡献无法用数字证明的员工或部门了。

业绩的可测量性是一个骗局。相应的激励体系不是用于奖励业绩，而是奖励目标实现的程度。所以应该评估而不是测量！

很多人抵制这一观点。但依靠比较和参考标准对工作操作规范进行测评，往往会导致逃避责任的后果，确切地说，是从"主观责任"逃到"一个被系统强化的假定的客观责任"。而且，目标协议制订得越确切，就越不能鼓励创造性，只能体现奖惩精神而已。如果不能缩小绩效的概念，就无法对其加以解释。

如果薪酬体系要体现绩效，那评估和测量就需要并存。考虑到企业的未来，这一点至关重要：一个目标越是与企业未来发展相关，它的可测量性就越低。例如，真正的信任所带来的速度优势可能无法测量，却是可评估的；投资于人才发展，最初会降低利润，但长期会对企业的发展有利。**对于评估来说，需要的是人，而不是自我调节的体系，它需要负责的主观性，而不是不负责任的假定的客观性。**

个人的绩效工资不应该高于总工资的四分之一。即使在不景气的时期，固定工资的份额也应该相对较高。

共同分享成功

企业是多方合作的舞台，是围绕着合作的理念建立的，不是个人的表演，只有各种力量相互协作，才能实现成功。即使是企业的最高管理者，如果不与优秀的专家和管理人员合作，他也无法实现目标。

个人的贡献在企业里很难被分离出来，归功于某个人。在合作的前提下，这甚至是行不通的。在企业里的级别越高，与执行层面就越远，对实操的影响就越间接。领导层的任务是为了解决共同的问题而组织大家合作。因此，不仅要通过呼吁，而要在结构上加强合作。

如果我们好好工作，我们所有人都会工作得很好。

每个人都应该参与其中，包括管理层和基层，办公室人员和外勤人员，企业里的每个人都能做出自己的贡献。因此，薪酬体系的结构主要应该用于支持合作，而不应该是个人控制的结果。

这不意味着个人的贡献不应该得到金钱上的奖励（参考前述内容），但合作的成员不应该因为薪酬体系成为竞争对手。那些寻求合作的人在谈到报酬的时候，绝不能说某个成果是个人孤军奋战的结果。我们经常发现企业里有很多前后矛盾的规定，这让员工很困惑。

直接点说，执行董事的工资和其他员工的工资完全不同，这是一种反常现象。企业高管极高的工资消减了他合作的意愿。

摆脱个人奖金陷阱的一个方法就是设计分红计划（参与成功）。这就提出了一个问题：红利的标准是什么？

1. 成功

如上所述，绩效是一个宽泛的、非客观的、不可衡量的概念，它是多维的，和期望相关，并且可以对其进行评估。“和绩效相关”的薪酬体系保持了客观性、公平性和“每个人都有机会”的表象，但同时它的复杂性增加了操作的难度。

摆脱这种复杂的情况可以被称为成功。成功是社会认可的成就，如果结果是正向的，就是成功的；如果不是，就会遇到危机。因此，成功凸显了业绩，让它具有可识别性。对一个家族企业来说，高的股权回报率可能是一种成功；对高管来说，股价的增长是一种成功；对员工来说，加薪或事业的发展是一种成功。因此，人们可以有理有据地加以讨论：从来没有与绩效相关的薪酬，而是以成功为导向的事业。

这是本质上的区别：成功将业绩的概念缩小到“实现或未实现”“上升或下降”的数字，没有人对目的、战略和计划感兴趣，这有时是不公平的，或者像社会学家所说的“不够复杂”。但那些抱怨的人应该想想，长期以来，有多少管理者被这个紧箍咒束缚而难以大展身手。

在这种情况下，成功掩盖了业绩，但每个现实主义者都知道，我们无法避免好运气和坏运气。我们是否应该好好讨论一下市场运气而不是管理业绩？这个问题没有明确的答案。一个企业的成功取决于一系列的因素，这些因素很难也不完全是由管理层控制的。这并非不重要，因为简单的因果关系论假定了这种成功和业绩归功于个人。但是，管理绩效既不能用经验，也不能用其他客观方式来衡量，这也就无法证明薪酬的合理性。因此，薪酬体系的设计不应“基于业绩”，而应“基于成功”，奖励成功，惩罚失败，给人力成本一个“喘口气”的机会。

2. 红利分配

一方面，从严格意义上讲，企业里不存在个人的成功。无论英雄般的管理者为企业取得何种成功，他一定至少有个秘书在支持他。很显然，薪酬体系应该反映这一事实，让人们把企业视为一个团结的共同体。

无论你将什么定义为“成功”，将定义限制在一定参数范围内是有好处的。其可以是利润，即按员工的薪酬结构，把税前利润的 X% 平均分配给所有员工。红利分配使所有员工都对企业的业绩负责。

另一方面，股本回报率也不能证明企业的成功。它可以通过股票回购来操作，减少股本，用低利率的负债来支撑业务，从而自动增加了回报，但同时让企业的金融风险更高。不变的是收益和成本的关系，这主要和企业实际创造的价值有关。

一个绝对的利润目标也可以是与竞争对手的比较。有些企业没有预先设定和目标相关的奖金，没有年度预算、固定的资源分配或详细的预算差异报告。而那些成功的企业，如瑞典商业银行、喜利得集团、美国西南航空、谷歌、德国 DM 药妆连锁店、戈尔公司和国际猎头公司亿康先达，它们的红利分配机制都和竞争对手相关。

为什么这样竞争性的机制没有得到推广？一言以蔽之，鹅不会给圣诞聚餐者投票。管理人员不会自愿放弃为他们带来大笔收入的计划。当市场景气时，竞争性的参与计划带来的利益低于绝对目标；而当市场萎靡时，它给投资者带来的损失也超过了绝对目标。如果未来是不确定的，而且会变得非常不稳定，那么“适度”地参与竞争反倒有利。旧的奖金制度在企业上升期的实施成本太高，在衰退期又太低。但是，它更公平，因为它只和企业的经营业绩相关，没有外部因素的影响。

无论你选择什么样的参与形式，都必须事先明确员工的参与程度。首先要计划未来分配给员工的利润比例，这个比例应该与其他利益方（股东、企业所有者）的利益成正比。

在取得积极成果的情况下，红利是否应再次按等级分配，这是一个价值体系的问题。任何情况下，固定收入都应该保障员工的物质生活，其不应该过低。一个理智的观点认为，红利分配的比例应该和级别相关，级别越高，比例越高。然而，红利分配不应该只倾向于管理人员或高级别的员工，虽然这符合经典的管理模式，因为管理者只有通过他们的员工才能获得成功。因此，管理者的成功是一种间接的成功，而让员工空手而归却是一种可笑之举。

还有一个实用的建议是，在工资单里体现企业缴纳的保险金，这很有帮助。企业付出的东西必须被员工感知，其不应该因为事先扣除而无法被看到，用象征性的方式告知金额是个好主意。

让员工广泛地参与企业的业绩和持续深入地分享企业制度是密不可分的。管理层必须经常详细地向员工介绍企业的发展情况，确保在对外保密的同时保持一定的透明性。

资本应该服务于企业的目标。反过来，如果试图通过加薪来提高生产力，是有问题的。正常的工资增长是为了弥补通货膨胀，当经济好的时候，可以将部分分红通过与企业利润相关的股票形式支付，真实的股票比股票期权更好，因为员工也要承担股价下行的风险，这会从另一个角度激励他为企业做贡献。

可变收入（奖金）可以作为固定工资的补充，它和企业的整体业绩相关。在大多数企业中，固定工资和可变收入的比例与级别相关。这种可变收入可以缓冲企业遇到的危机，也不会把企业的风险转移给员工，这一点将在下一节详细介绍。在员工理解业务发展的情况下，奖金也可以通过一个简单的系统转化成企业年金。

什么是合伙人关系中的加减法

摆脱个人奖金陷阱的一个方法就是让员工参与企业的业绩分享，让其部分工资和企业的利润挂钩。这种方式平衡了风险和利益，有奖金，也会有损失。在业绩好的时候，股票反映了共同的成功；在业绩不好的时候，它起到了缓冲危机的作用——减少持股比例总比裁员更好！危机过后，如果业绩稳定，原始员工也会有成本和连续性的优势。这样，工资成本也不会每年机械性地增长。在生意好的时候，员工持股量上升的幅度远远大于生意不好时下降的幅度，这种情况并不少见。

这将是一种加减法的合伙人关系。然而，这种合伙人关系不能极端到把企业的风险转移到员工身上的程度，从监管的角度来看，这是有问题的。事实也证明，大额的利润分享与会计丑闻不无联系，诱惑让人犯错。除此之外，员工如果承担了较大的个人风险，就会要求更高份额的奖金。合伙人关系中的加减法肯定会让振幅升级，所以不能让可变薪酬的占比过大。

以花旗集团能源交易部门 Phibro 的交易员安德鲁·霍尔（Andrew Hall）为例，在 2008 年金融危机的时候，他因为做多石油为花旗银行赚得盆满钵满，自己也分到一亿美元，这让他声名鹊起。他可能是幸运的，逆市场趋势做出了获取高利润的决定。但高利润的交易通常伴随着高风险，在霍尔的案例中，他进展顺利，可以分到一亿美元，但如果出现问题呢？他是否也会承担相应的商业风险？他会向企业支付一亿美元的赔偿吗？

很难说。那些在加减法系统中建立伙伴关系的人，不是员工，而是企业家，他们会拿自己的钱冒险。但像霍尔一样的员工，没有人会拿自己的钱去冒险。

如果将管理者视为管理他人钱财的员工，则可以避免类似的监管问题。在这种情况下，可变收入不要超过总收入的三分之一。

长期效果

短期回报被证明是造成金融危机的原因之一后，咨询业又提供了危机式的版本——递延奖金激励，这增加了长期业绩的评估，以及在必要时收回已经支付的奖金条款。可以将其形容为“奖金银行”：像以前一样，奖金根据目标协议的完成度计算，但高管们不会得到全部奖金，而是一部分，剩余的那一部分会转移到企业自己的奖金银行，在那里存储一定时间赚取利息以后，再被分配给个人。部分奖金被企业保留下来以抵押中长期业务发展的风险，如果与奖金有关的关键指标比计划的差，那么累计的奖金将会被追溯并减少。至少是三年、五年甚至十年的保留期是为了确保对长期后果负责。

在我看来，为了不鼓励追逐短期的利益，将奖金的支付时间延长的想法更多地归功于辩证式的时代精神。但这些建议没有认识到或忽略了一个简单的事实，即长期性在德国企业文化中非常罕见。如果德国《董事会薪酬合理性法案》规定“奖金的发放应以长期（多年）的评估为基础”，那么问题是董事是否会长年连任？答案是微乎其微，所以说这个法案似乎脱离了现实。

许多建议不仅忽视了合作的重要性，还在“不充分”的假设下，让一个人背上了随后几年因负面结果导致的没有奖金的威胁。例如，如果在事后才发生风险，可以追溯性地减少奖金。但这怎么会有因果关系呢？经理人任期结束后，企业业绩的起伏是否真的由他/她的影响所致？如果事后才获得额外的利润呢？这个人也能参与其中分享成果吗？

还有一个建议是，为了尽可能地将管理人员和企业捆绑在一起，奖金不应只以现金的形式支付，而应该以锁定股票的形式支付，锁定的总金额不应超过年度收入的三分之一，这些股票在一定时间后再真正发放给个人。这也可能是有问题的：如果一个企业需要新的资本，就会放弃增资，因为会稀释股权；那些得到延期股票的人，可能不得不贷款支付即将到期的税款；如果在封闭期结束后，实际支付时股票组合的价格大幅度下跌，会发生什么？所缴纳的税款还能被退回吗？

对可持续发展的要求提出的操作性问题远比答案更多。有些法律规定的作用充其量只是为律师和法院创造就业的机会，而且它们在本质上和机构强制要求的季度报告相互矛盾。将可变收入与企业的长期收益挂钩，使管理层的利益与股东的利益同步，所有这些常识都没有考虑到大多数股东的动机：他们也想尽快获得高额的回报。所有这些困难都可以通过“自愿”奖金来解决。例如，如果企业没有提前承诺奖金在3年后才可以领取，并且明确业务表现良好的前提，那么在法律上就被视为自愿支付奖金，在这种情况下，企业自己定义的保留期和追溯并不具备法律效应。对作为激励工具的奖金制度，这是种明确的否定。

总结

人不可能不交流。斯坦福大学的保罗·瓦茨拉维克教授（Paul Watzlawick）的这句话已经成为众所周知的事实。经济学研究机构将这一观点应用到企业信息传达的调研上，并发现薪酬体系传达的信息对员工的行为有特别突出的影响。2008年发生的金融危机仍让人印象深刻，它让我们看到，无论是政治领域，还是商业领域，人们在以某种方式违背自己理性行事的原则时会发生什么。很多事情是按照一些人的意愿发生的，他们通过激励机制，让事情发展的结果截然不同。但他人的自由是绕不过去的，让他们相信命运已经走到了尽头或一切都有可能，这是一种错觉。人的意志永远都属于他自己，任何试图改变或教育他人的人都会因为对方的倔强而失败，或早或晚，或明或暗。

上述建议的薪酬管理理念是对克制甚至是保持被动的一种恳求。它什么都不想要，对于主流的一切皆有可能的意识形态，它表达了不想要的东西，它想保持距离，不打扰别人，不陷入人为的精心的算计中，并在这种所谓的利益缺失的情况下得到利益。它是一个不显眼的薪酬体系，只有在尽可能减少损害的情况下，才会得到大家的拥护。因为，除此之外的任何事情都有风险和矛盾，管理者总是围绕着成功进行规划的。

用评论家马尔罗（Malraux）的话说，管理就像语法：每个人都会犯的错误最终会成为规则。那些坚持个性化激励的人回答了企业的实际利益所在，那就是在低交易成本下的合作。前述提议的主要目的是探讨各种可能性条件。

27 助推——如何温柔地扼杀自由

我承认我查了一下字典，“nudge”在德语里的意思类似于“助推”。这也是美国经济学家理查德·塞勒（Richard Thaler）与宪法律师卡斯·桑斯坦（Cass Sunstein）于2010年共同出版的一本在政治界极具影响力的图书的书名。这本书的副标题清楚地表明了推动的方向：“如何做出有关健康、财富与幸福的最佳决策。”这本书的主张是保留人们自主决策的权利，适当影响人们做决策的过程。这就是作者为一个“更好”的世界做出贡献的方式。他们要传达的信息是：“做我想做的事，但要以自愿为前提！”

政治家们尤其喜欢听到这个信息，因为他们不愿意为了国家的“平等”，为了“发展”和“保护”而采取强制的“邪恶”手段。“通过税收进行控制”这种友好的家长制策略，长期以来已经广为人知。“按我的要求做，否则你会伤害到自己。”盛行的指导性辅助工具是奖励和惩罚，其在一个“靠民主运作的系统”的帮助下进行自我调节：如果他表现得好，就会自动得到预先计算好的奖励；如果他顽固不化，奖励就会被取消。在这个系统中，税款作为奖励的“诱饵”，首先按收入的百分比扣留，然后在调整业绩后“退还”。就像经济学家塞勒和桑斯坦所言，从国家的角度来看，最大的优势在于在形式上维护了公民的自由。系统会自我调节，无论好坏，公民可以决定并承担后果。

这还是自由吗？或者说，这是一种特殊形式的胁迫，提出一个条件，但同时人为定义了拒绝的底线？更进一步说，只有当一个人可以免费拒绝一个提议时，他才是真正自由的吗？

我们很难将管理民众的方式与鼓励民众自我管理的方式加以区分。人们总会遇到一些规则，被动地接受这些规则的约束，但又主动地去遵守这些规则。因此，“助推”的支持者们有理由声称，每一项国家规则都会影响公民的行为，不存在中立的政策，所以可以朝“正确的方向”加以引导。人们对社会的认知并不来自自己，个人的偏好必会受政治影响，这就是全部的真相吗？

如果一种行为被禁止，例如，禁止使用污染环境的机器，国家就干涉了个人的自由。这里要讨论的不是禁止是否合理，也不是在多大程度上合理。但情况很清楚，公民感到被束缚，或至少受到了法律的约束。除此之外，国家还通过税收进行控制，例如，环保器械的折旧方案也包含着不明显的国家干预。政治的目的和公民的自我控制捆绑在一起，为政客们开辟了一个新领地，他们转移注意力、增加或降低税负。税收给了公民一个与做事本身无关的动机，却能满足他们财务上的需求。

如果公民接受了这个激励，他们就会自愿做出决定，做出没有激励就不会做的事情。政客们用经济上的好处包装了这些不合逻辑的激励，国家的这个策略利用了自由主义的思维模式，一方面公民通过投票表达了他们的自由意志，另一方面将投票的后果归咎于自己。

如果我们承认“无限制”的自由在本质上是空洞的，且在社会上不可行，因为自由总是在一定的限制之内，那么我们就不得不承认没有人在限制自由。公民可以自己选择多缴税还是少缴税，他们没有被迫舍弃制造污染的生产机器。法治保障了公民以不同方式思考、行动和生活的自由。

但对于个人来说，这又意味着什么呢？投票的自由不能与税收分开，国家并不强迫征税，但创造了不同的选择。公民被轻轻地推到国家利益的一边，如果个人反对“共同利益”，他就损害了自己的利益。公民会想：“如果我在税收上没有好处，那就是徒劳一场，为另一个人埋单。”国家并没有突然不再需要那么多钱，所以你可以肯定的是，公民为了减税而遂了国家的意。

税收和政治利益再次联手：税负越高，公民就越节省，选择的自由在现实中兑现了。自由很贵，拥有它是需要付出代价的。

重要的是，这种看似公平的“软恐怖”比法律上的强制力更有效果。国家粉饰了自己的干预：带着“税收优势”的面具。这就是为什么个人不排斥它，它也很少遇到阻力，因为人们觉得它没有限制自由。“为什么？没人强迫我呀？”相反，国家的“提案”甚至为个人提供了一种成就感，他把遵守国家的指导视为自己聪明的选择，“看看我是如何做到合法省税的”！税收政策看起来如此友好，仿佛根本就没什么可反驳的。因此，人们很难从主观上看到自己的行为是如何被腐蚀的。

国家税收是一种袒护性的权利，它无处不在，又不易被觉察。就像卫生系统“创造”了它想要治疗的病人一样，它也创造了需求，它“教育”那些需要它的人，从而使自己合法化。它永恒的秘密就是：“永远不要学习如何把命运掌握在自己手中！”自由的人们在不自由的自由中打瞌睡。然而我们的社会正在进入历史性的时刻，不是在国家内部实现自由，而是通过反对政权实现。如果不存在“中立”的国家规则，那只能是让规则越少越好！这也适用于职场，在那里没有人从头开始，我们也在“决定”和“被决定”之间徘徊，并且一再撞到限制我们自由的边界。如果想在企业发展企业家思维和行动，就必须对规则进行彻底的清理！按照英国哲学家约翰·斯图尔特·米尔（John Stuart Mill）和约翰·洛克（John Locke）的观点，把不受“损害”推到极限：哪些工具会打击员工的积极性？哪些机构不鼓励让员工对自己的工作内容负责？什么让这一切无法实现？

无论答案是什么，我们都无法摆脱矛盾的困扰，因为所有的事物都有两面性。这也解释了为什么距离如此重要，它为让彼此更好地了解对方留出了空间。作家弗里德里希·迪伦马特（Friedrich Dürrenmatt）把保持距离描述为保持人性：保持距离，或者像斯丁（Sting）所说，不要离我太近。

28 30 年后——尾声

写作之前

能够“买到”动机吗？人可以被控制吗？如果可以，如何控制人呢？激励的后果是什么？奖金制度的副作用是什么？这一切和领导力有什么关系？

1986 年，我第一次向我的同事——3M 跨国公司的高管提出了这些问题，然后于 1989 年在《管理智慧》杂志的一篇文章中公开发表了相关的观点，文章的标题是“动机的苦难”，标题影射了《哲学的贫困》，也向蒲鲁东（Proudhons）的《苦难哲学》致敬，也许这显得有点学术。

这篇文章引起了一些反响。当时校园出版社的出版人托马斯·施沃勒（Thomas Schwoerer）给我寄来一封亲笔信，问我能不能将这篇文章扩展成一本书。我回答可以。施沃勒不知道的是，我早就开始写作了，而且花了很长时间收集关于这个问题的观察和想法。在 3M 公司，我每天都目睹多方面“激励”员工的尝试，也就是激发员工的业绩，拉动、推动他们，或以各种方式让他们高兴。

是什么让我对这个话题感兴趣呢？有一次，我组织了一个研讨会，有人问我："我需要做什么，才能激励我的员工？"我反问道："你做了什么，让他们失去动机？"但我很快意识到，其实是那些软弱的管理者不断需要新的激励方案。那些既不能领导也不想领导的管理者，只有在激励的帮助下才能保住职位。真正的管理者从来没有问过这个问题。

在一次换工作的时候，我因为收拾书籍而翻阅了自己 1970 年的课本。令我惊讶的是，我发现一句话被画了红线——"我不认为，学生能被激励。"当时我用的是红色的细笔标注的。就是这句话，在我还是学生的时候，它就钻进了我的脑中。虽然被遗忘，但在我成为企业高管的时候，它又在我身上开花结果了吗？我不知道。我知道的是，在我学习期间，没有任何一种激励理论能完全说服我，因为它们似乎都太过理论。

在一个高中实习期间，我学到了有关"激励的阶段"的知识，经历了每节课前必须进行的"激励性开场"。作为老师，你要戴上一个小丑的红鼻子，跳到全班同学面前，热情地喊出："在 1919 年的今天，魏玛共和国设立了宪法！"这时，懒洋洋的学生们就会跳到课桌上，拍着胸脯高呼："船长，我的船长！"

总之，每天都要上演类似的情景。我怀疑这有没有必要，这并不代表我们的课过于无聊而需要一些刺激，我们当时的学科带头人干脆地回答：“我 30 年来也在思考这个问题。”

加入 3M 公司后，我先是在医疗技术业务部门担任销售主管，之后担任人力资源部门的经理。尤其在走上领导岗位以后，我很明显地感受到员工期望我通过做一些事来保持他们的积极性，我成功地让他们的这个期望落空了。我在这方面的心理建设不太成功，我只在个别情况下设法取消了打击积极性的规则。大多数人没有意识到，期望别人来激励自己是不体面的，就像早上按时上班就能得到工资，为了获得奖金，还需要再多努力一点。

1990 年，我开始了自己的事业。1991 年，当《动机与激励》出版时，我一点也不觉得自己在谈论一个特别恶毒的话题。我只是对激励的传奇和试图通过外部激励来提高员工的绩效感到愤慨。然而，我很快就意识到，我不仅忘记了一本教学课本，还忽略了我站在其肩膀上的学科巨人。我当然知道源于马斯洛、赫茨伯格、麦格雷戈（McGregor）的经典理论。但爱德华·德西（Edward Deci）和理查德·瑞安（Richard Ryan）在 20 世纪 80 年代初已经做过一些研究，指出激励对员工积极性的破坏。我不认识他们，在互联网出现之前，他们的研究成果还没有传到德国。尽管我写作的冲动不是来自学术的兴趣，而是来自观察实践，但我想在这里加以补充说明。

之后，有些人开始研究这一主题。哈佛大学的研究员阿尔菲·科恩（Alfie Kohn）发表了文章“被奖励惩罚”，该文在一定程度上论证了我的结论。最重要的是，他证明了激励忽视了管理的质量、长久的和复杂的目标。在德语国家，瑞士人布鲁诺·弗雷（Bruno Frey）和玛吉特·奥斯特洛（Margit Osterloh）随后发表了相同的观点。最后，我想到了美国的畅销书作家丹尼尔·H. 平克（Daniel H. Pink），这个观点让他感觉像发现了新大陆一样。

如前所述，《动机与激励》在很大程度上是一份实践报告。它来自记事本和便笺纸，记录了我和销售人员出差过程中的对话，记录了从一个客户到另一个客户的调研。我自己的亲身经验，被激励打击过、被外部控制的风浪洗礼过的经验也被用作补充材料。正如一些评论家说的，这就是为什么这本书也可以被当作“生活的哲学艺术”来阅读。

出版商当时未经编辑就把它打印出来，和我的草稿一模一样：右边是内容，左边是补充说明，然后用打印机码在一起。现在看来，这本书有点“迂回”，关联性强，且热衷于描述，但反馈却很好。这是谁都没预料到的。当时在《经理杂志》，现今在德国著名商业周刊 *brandeins* 担任主编的加布里埃尔·费舍尔（Gabriele Fischer）是第一个着重介绍这本书的人。第一批印刷的

2000 册很快就卖光了，而且几个星期内都无法预订。最初，有人提出严厉的批评，认为我想让员工的利益受损，而让资本家受益；此外，激励是一件好事；有些人甚至认为他们可以从中读出一些轻蔑的东西；有的人更关注激励的意义和无效性，直接点说，就是关于钱，关于薪酬体系。相比之下，几乎没有人看到对我来说真正重要的东西：自主的领导力。

总体而言，读者的反馈是友好的。这本书触动了人们的神经。时任温特沙尔公司董事会主席的赫伯特·德萨丁（Herbert Detharding）说："这正是你的写作风格，你必须带着这个风格走向世界。"我还记得一位管理者对我说："我一直都是这样想的，我只是没有把它写下来。"这本书在大学里受到广泛的欢迎，有几个学生和我联系，并根据本书的观点撰写了他们的毕业论文。即使在 30 年后的今天，我还会收到人们的电子邮件，告诉我这本书改变了他们的整个领导行为。而且它很有效！

背景故事就说到这里，现在让我们开始谈正事，因为动机神话依旧存在。

神话

"只有 12% 的员工积极性比较高！""三分之一的人已经精神离职了！""员工参与度处于历史最低点！"管理新闻上经常看

到来自咨询公司的“令人震惊”的调查结果，同时他们自称可以解决这些问题。如果人们相信这些预测，经济早就衰退了，但事实并非如此。“如果员工的积极性更高，就能创造更多的经济价值！”人们不想马上拒绝这个假设性的说法，但它既不能被证明也不能被否定，这就是它的魅力所在。然而，这些假设并没有受到质疑。一些在科学上站不住脚的研究被发表，然后被媒体采纳、被反复地引用，它助长了一厢情愿的想法，随后被认为是“科学”上的发现，然后进入博客、谈话节目及维基百科，之后我们就再也没有办法摆脱它了。**一个论断创造了现实，复活了神话。**

神话是一个让人眼前一亮的术语。这个词可以正面地理解为一种超时空的叙述或崇拜。然而，在通常情况下，当它所描述的对象并不真正存在时，人们就会说这是一个神话。因此，从口语上讲，这个词有贬义的意味。而这大概就是书名本意“动机的神话”（直译）的由来。它似有似无的模糊性是一种运气，带着一种预设，却让人无限遐想。

成为神话并没有那么容易。它非物质，你看不到也摸不着，但可以想象。这种想象被投射到现实生活中，要求产生一些现象，在这种情境下就是“动机”。它开始“运作”，创造了一种真实感，有一种延时效应。法国思想家罗兰·巴特（Roland

Barthes）对神话的描述非常贴切："它让人的行为不再复杂，并让它的本质变得简单，它让人无从质疑，让不可逾越的事情得以实现，它的世界里没有矛盾，也没有辩证的深度，它建立了一个快乐无瑕的国度。"神话既非真实，也非不真实，它位于两者之间。

"动机"也是一个让人眼前一亮的词汇。虽然人们直觉上知道它学术上的含义：行为意愿增强的状态。当有人对某件事是"有动力的"，那么他的能量和积极性通常是可见的。我们如果仔细观察，就会发现它比较复杂。

问题是，动机指的是一种"状态"，也就是某人"有"动力。动机是来自内部（内在）的，人们采取行动是因为这对他们来说是有意义的，给他们带来快乐，所以这也是内在的回报。然而，与此同时，动机也是指一种"移动控制"，某人"被"触动了。后者不是动机，而是一种"激励"。这句话的意思是赋予一个人以动机。在激励中，动机是来自外部（外在）的，人们做的事情没有内在的回报，而是为了达到其他目的。因此，在严格意义上来说，外在的动机与其说是一种"手段—目的"的关系，不如说反映了一个人做事是"为了"什么。相应的解释可以浓缩成七个字："做这个，得到那个！"综上所述，动机意味着"我想要"，激励意味着"我应该"。

1991 年，我把动机称为个人的“自我控制”，把激励称为“外部控制”。今天我想纠正这一点，因为我不是十分相信传统的“内在 / 外在”。我当时采用这样的定义是因为它比较传统、有语言学的标签，但我从没有真正理解过这个定义。当然，人们可以尝试用外在的激励手段（奖金、事业、表扬、关注）来影响别人，但人不是机器，你不能像操控汽车一样操控他们，更不能强迫他们。每一种外部激励都会被识破，在被评判的同时被“利用”。一个人对奖金有反应，另一个人则没有。因此，从严格意义上讲，不存在外在的动机，如果来自外部的动机可以自我调节，那一个人也可以从外部激励自己。

这正是神话的精髓，它让人物变得不现实，并将其作为一种力量加以发挥。因此，“动机”代表一切积极的、理想的东西，以动态的形式变化、发展、实现目标。神话则不需要证明这一点，它只需要提供一个广为人知的故事，不需要做任何解释。

因此，我们可以有理有据地将“动机”作为一个神话。当它和想象、和陈词滥调联系在一起的时候，能唤起所有人的认同，它代表意志、勇气、毅力、汗水、最后的努力、超越自己，让人毫不怀疑地给予肯定和重视。令人着迷的是这个神话如何设法创造意义，将个人复杂的努力过程简化为一句口号，并赢得各方的赞许。反之，如果用激励来规避动机的问题，并长期取而代之，最终只能是徒劳无功。

30 年之后，发生了什么变化

在 30 年间，很多学者做了关于替换效应和“道德风险”的研究，发现人们对奖励的兴趣替代了对实际工作的兴趣，这些研究几乎完全验证了我当时的观察。在 30 年后，这本书也没有失去任何意义，事实上，它有了更具挑战性的新鲜感。诚然，许多中小企业已经告别了所谓的“可变收入”，SAP、英飞凌、戴姆勒或博世等上市公司也调整了其薪酬制度。但总的来说，在这个问题上的退步多于进步。寻找“激励型”的经理人仍然是标准做法，激励人的管理者和被激励的员工形象依旧深入人心。绩效工资甚至被应用到公共管理部门，比如医院、学校，几乎无人质疑它的有效性；咨询公司的顾问飞来飞去地推销与绩效相关的薪酬概念，将激励作为一项管理职责已经成为一种普遍现象。

为什么研究发现和企业实践的差距没有缩小？为什么高额奖金没有被取消，而这些奖金正是导致 2007—2008 年金融危机的原因之一？

答案可以是因为领导力往往被理解为基于对人的不信任而进行的微观管理，因为股东们仍然相信“高额奖金 = 高额回报”，因为“合作”还没有成为领导力的中心思想，因为许多软弱的管理者需要激励武装自己，因为火鸡不会为复活节投票。只要管理者能够利用信息优势，能够影响员工的工资，激励就会存在。

多年来，本书的基本观点得以加强而不是削弱。然而，现在我要更尖锐地强调以下几个书中隐含的内容。

（1）动机就像仙女：每个人都在谈论它，但没有人见过它。没有任何东西本身可以被视为动力，它不能作为产生业绩的一个单独因素被孤立起来。动机是一种标签，一种归类，是能量、承诺和个人纯粹意愿的综合术语。

（2）动机是没有报酬的。没有人对我们的努力、进取和意愿感兴趣。我们因为成功而获得酬劳，同时因为达成业绩而感受快乐。这意味着没有人知道“成功”到底是什么，但血汗和泪水属于工业时代的认知，而不属于数字化的现代。

（3）动机被高估了。如果成功来自工作的积极性、工作的能力和工作的机会（排除了偶然的运气），那么工作的积极性就不那么重要了。只有在其他两个要素存在的情况下，动机才是成功的关键。推断某人“因有动机而成功”，只能作为一种解释，而不能加以验证。例如，对韩国奇迹教育的研究表明，这种结论有多么牵强。在调研中，令人惊讶的是，韩国学生的动机和兴趣值非常低。这证明即使一个人没有积极性，也有可能学到很多东西，并取得一流的成绩。换句话说，在一个高度“内卷”的环境中，个人的动机并不重要。

（4）动机是一个因素，而不是一个先决条件。一个人不可能在迷失和“无所谓”的情况下有积极性，就像人不能直接争取“幸福”一样，而需要以一种迂回的方式去获得幸福。动机是追求成功的结果，是意愿的衍生品。那些为自己感到成功的人，会觉得自己的精力很旺盛，他们不会担心自己的动机，因为它会“随之而来”。反之，长期的失败也会导致动机枯竭。

（5）激励作为一种奖金制度（例如在银行）已经成为一种仪式。没有人期望奖金能让员工做出更好的决定或变得更高效。在好的情况下，奖金是一种“会呼吸”的收入，可以根据企业的发展来调整数额；在不好的情况下，它是一种伪装，貌似和个人绩效相关，但事实上已经变得无足轻重。

（6）在组织心理学层面，激励被普遍理解为领导力。在组织结构中，个人被指导、监督，个人利益也被操控。这种做法的结果就是忽视了人的“腐败”，个人行为造成了消极的组织文化。

（7）激励对体力劳动能起到一定作用。科学研究表明，激励可以提高重复性工作的绩效，比如打扫卫生、切肉、搬运等工作，但这些工作有多少价值呢？很难说，但肯定不会超过15%。对大多数人来说，如今的工作不仅是一种负担，也是一种乐趣。如果你不需要搬运麻袋，而是在智力上参与竞争，那么激励就失效了，但你还需要继续和“道德风险”进行斗争。

（8）激励破坏了工作的意义，并取代了它，使人堕落。逻辑上的后果就是：“如果我们只因为某件事有意义而去做，那我们最终会在哪？”恰恰相反，在金融危机中，人们可以看到美国政客是如何先诱导中央银行，中央银行再诱导商业银行，商业银行再诱导他们的经理和客户顾问的典型结果。每个人都像被催眠了一样盯着巨大的红利，这些红利让人变得盲目，导致他们互相推销难以预测的风险，最终由纳税人埋单。还有一个更糟糕的例子。据德新社报道，2002—2008 年，有 6402 名哥伦比亚平民被军方当成敌方游击队战士而被杀害，因为这样可以达到数量上的要求并拿到奖金。那么，奖励能否激励人呢？无论是什么目的，绝对可以！

我抛出自己的结论，现在是丢弃激励的时候了，它只会让人“腐败”，让人丧失主动性。

有哪些变化呢

《动机与激励》已经出版 30 年了，本书的核心内容在各个版本中一直没变。多年来，只有少数日期有所调整，2010 年我增加了关于金融危机和薪酬管理的章节，在这一版中增加了关于“助推”的章节。

在大量的书评中，我想对其中的一条评论加以解释：它没有充分介绍如何“正确”地处理动机的问题。事实上，本书的前两篇关于“坏现象”的描述可以回答这个问题。我承认用这样的表达方式，是因为我太相信消极思维的力量了。在我看来，省略一些内容往往比增加一些内容更重要。另外，我没有将这本书的后三分之一作为“好现象”加以渲染。许多读者感觉，本书前两部分的批判性评论占据了主要内容。对此，“领导力”这一部分的内容正是我对“怎么做才会更好”这个问题的回答。

版权声明

MYTHOS MOTIVATION

WEGE AUS DER SACKGASSE